Elogios para *As Quatro Melhores Conversas de Coaching*

"Um livro fabuloso para gerentes e coaches. Entrega com êxito a visão da simplicidade do framework que reconhece a adaptabilidade da abordagem da mudança do mindset. O impacto nos nossos negócios tem sido significativo.

O coaching é uma habilidade crítica para qualquer gestor de pessoas e existem muitas ferramentas acessíveis no mercado, que ora são complexas e dão a sensação de que são necessárias horas de preparação e treinamento para se obter algum impacto, ora são muito simples e não refletem as complexidades da vida real. Este livro oferece um framework simples e prático para orientar as conversas de coaching, embora reconheça que situações diferentes requerem abordagens diferentes. Um ótimo kit de ferramentas para qualquer gerente."

— Brooke Finlayson,
Chefe de estudos da *Mondelez International*

"Conner e Hirani exploraram milhares de ideias de coaching e conseguiram desmitificar brilhantemente o processo de coaching e descobrir os diálogos que realmente importam. O livro deles oferece um sistema poderoso que ajudará todos os coaches a aumentar sua relevância, multiplicar seu impacto e permitir que outros deem o seu melhor quando mais precisam."

— Liz Wiseman, autora dos best-sellers
Multiplicadores e *Rookie Smarts*

"Um livro muito prático sobre o aprofundamento das conversas de coaching, escrito por dois coaches atenciosos, baseado em pesquisas e com ótimos exemplos."

— Peter Hawkins, professor de Liderança, coautor do livro
Systemic Coaching: Delivering Value Beyond the Individual e
autor do livro *Leadership Team Coaching*

"Essa abordagem de coaching essencialmente mudou a cultura da Integrated Device Technology. Como resultado, o desgaste diminuiu e o desempenho financeiro melhorou significativamente. Eu vejo líderes que experimentaram este projeto, e mudaram seu vocabulário e a abordagem de seus trabalhos, eles estão atenciosos em suas ações e mais profundos em seus pensamentos."

— David Shepard, CEO e Executivo Senior, Semiconductor Sector

"Jerry e Karim redefiniram a arte do coaching com *As Quatro Melhores Conversas de Coaching* que transcendem e transformam. Este livro oferece um caminho para dominar a técnica e a metodologia e tenho certeza de que se tornará um clássico."

— Enrique Lopez, Escritor e Fundador da Academia Interamericana de Coaching

"*As Quatro Melhores Conversas de Coaching* é uma leitura essencial para qualquer coach ou líder que deseja expandir seu repertório de habilidades de coaching para facilitar o crescimento e a transformação. Jerry Connor e Karim Hirani oferecem um guia impressionante para coaches, bem fundamentado em pesquisas e teorias, prático e cheio de instruções. Um recurso que qualquer coach acharia inestimável."

— Tony Clitheroe, Coach Executivo, PCC (Certificado Profissional de Coach), Presidente da Federação Internacional de Coach (2014–2018), Australásia Charter Chapter

"Pragmático, robusto e perspicaz... Um ótimo recurso para gerentes que procuram adotar um novo método de treinamento para suas equipes e para líderes que desejam nutrir a cultura do coaching dentro de suas empresas."

— Abi Marchant, Recursos Humanos do Setor de Alimentos (2011–2017)

"Este livro traz uma rica diversidade e profundidade de pesquisa que combina com a sabedoria colhida em vastas quantidades de prática coletiva para criar um conjunto elegantemente simples de heurísticas. É acessível e prático, enquanto estabelece sequências naturais para guiá-lo por camadas cada vez mais profundas para o domínio da sua prática de coaching."

— Jonathan Reams, Professor Associado da Universidade de Ciência e Tecnologia da Noruega

"Este livro é profundo, mas fácil de ler, é rigoroso no tratamento de dados e com a sabedoria da prática de coaching consegue ser ambicioso sem procurar ser 'a melhor abordagem para treinamentos'. Também é bem completo e escrito com o espírito de aprendiz. Para o coach ou gerente, isto terá muito valor para você, para sua prática de treinamento e para sua liderança."

— Francisco Villata, PCC (Certificado Profissional de Coach), Coach Sênior, Autor dos livros *Nascemos com alas luego aprendemos a volar* (Mais vendidos da Amazon) e *Memorias de uma rosa*

"Finalmente o segredo está revelado! — Um guia inovador para coaches e líderes. Um guia de leitura obrigatória para coaches, gerentes e líderes que desejam usar o coaching para reduzir habilmente a complexidade, alcançar a clareza e criar uma mudança fundamental e duradoura.

Na última década, usei as quatro melhores conversas de Jerry e Karim, com excelentes resultados. Adoro o fato de poder usar essa abordagem e ainda manter a integridade do meu estilo pessoal de treinamento. Seguindo as diretrizes descritas neste livro, um coach ou líder se sentirá extremamente confiante para criar uma mudança fundamental na mentalidade e no comportamento do coachee. Finalmente as quatro melhores conversas foram compartilhadas com o mundo!"

— Judy McGinn, PCC (Certificado Profissional de Coach), Coordenadora e Gestora de equipes na ICF Australásia

"Cheio de ideias baseadas em pesquisas e ferramentas práticas para apoiar mudanças no nosso mindset subjacente a fim de fazer mudanças comportamentais sustentáveis e assim ajudar a superar desafios comuns de liderança. Mudar nosso mindset é fundamental para obter uma mudança comportamental sustentável. Este livro fornece o contexto, as ferramentas e a pesquisa para fazer exatamente isso."

— Carmen T Acton, Mestre em Administração de Negócios, Codiretora de Programas Internos da Federação Internacional de Coaching em São Francisco

"Fui treinado pessoalmente por Karim, e como empresa nós trabalhamos com *BTS Coach* por quatro anos usando os frameworks e as técnicas deste livro. O impacto das mudanças *Ser e Relacionar*, em particular, tem sido significativo para mim, tanto na vida profissional como na vida pessoal e para todos nós como uma organização. É difícil capturar a magia de um grande coach em um livro ou em qualquer outro meio, mas este livro faz um trabalho brilhante, explicando ideias poderosas e as melhores maneiras de aplicá-las."

— Jivan de Silver, Diretor de Estratégias, Negócios Globais de Hotelaria do Mercado Britânico

"A maioria dos gerentes que eu treino admitem que, apesar de suas melhores intenções, tendem a reverter para aconselhar e resolver problemas, em vez de usar o coaching. *As Quatro Melhores Conversas de Coaching* fornece aos líderes exemplos práticos de como usar a conversa de coaching certa quando os coaches precisam de ajuda para criar confiança, conexão, inspiração ou quando precisam ter a sua mentalidade desafiada. Histórias, dicas e exemplos de perguntas de coaching ajudam os leitores a entender e aplicar as ideias apresentadas. Com base em uma combinação de neurociência e teoria psicológica, o livro de Connor e Hirani é uma ferramenta útil para que os gerentes possam construir seu domínio no núcleo da prática de liderança do coaching."

— Doutora Vicki Webster da empresa Incisive Leaders

"Karim e Jerry capturaram a essência do coaching neste guia informativo e instrutivo. Seus modelos são profundos e se baseiam em extensas pesquisas e teorias psicológicas chegando ao centro de como coachees e organizações podem atingir seus potenciais. Eles apresentam estes simples e ilustrados estudos de casos e oferecem explicações claras e um passo a passo sobre como usar essas conversas de coaching. O capítulo sobre subpersonalidades acrescenta uma perspectiva adicional, que leva seus modelos para uma nova dimensão. O elemento excepcional neste livro é a maneira como combinam simplicidade com profundidade, e oferecem para gerentes e coaches uma maneira inovadora para ajudar indivíduos, equipes e organizações a fazer uma mudança profunda em pouco tempo. Acho que isto se tornará algo necessário para todos nós que conversamos sobre coaching."

— Keren Smedley, PCC (Certificado Profissional de Coach),
Autora de vários livros, incluindo
Who's That Woman In The Mirror?

"Este livro, *As Quatro Melhores Conversas de Coaching*, integra habilidades de coaching, presença e teorias psicológicas perfeitamente, e é para pessoas que querem obter um nível mais alto de coaching. Ele me inspira. Se quer melhorar sua proficiência em coaching, este livro o ajudará a conhecer o coachee profundamente, além dos problemas e os objetivos apresentados pelo coachee. Depois de ler este livro, você sentirá que possui um mestrado em coaching."

— Sabrina Park, PCC (Certificado Profissional de Coach),
Presidente da Aliança de Coaches Ásia-Pacífico (2013–2015),
Fundadora do projeto Positive 100 Days Project
(movimento pela paz mundial)

"Este é um ótimo livro para quem pretende aprender ou aprimorar suas habilidades como coach ou como gerente de linha. Por meio de uma série de exemplos da vida real, os autores fornecem uma forma instigante e estruturada para treinar indivíduos que estão abertos a mudanças transformadoras. Os modelos, as ferramentas e as técnicas têm aplicação simples e atingem profundamente a mente dos indivíduos, permitindo que eles consigam alcançar mudanças sustentáveis."

— Kate O'Loughlin, Coach de Equipes e Liderança da empresa The Talent Toolbox, Autora do livro *The Science of Talent: How to find, grow and keep the right people in your organization*

"Nós precisamos saber por que fazemos o que fazemos e como mudar nossos pensamentos para criar novos comportamentos e hábitos em um espaço seguro, para desbloquear nosso próprio potencial e o potencial de nossas organizações. *As Quatro Melhores Conversas de Coaching* de Connor e Hirani são as chaves para transformar a motivação e a produtividade dos funcionários de forma rápida e eficaz. Uma leitura obrigatória para todos os coaches e líderes."

— Maria Newport, Coautora do livro *3 Elements for Effective Recruiting: Preparation — Selection — On boarding* e Diretora Geral da empresa Newport O'Connor (Coaching e Consultoria Executiva)

JERRY CONNOR E KARIM HIRANI

AS 4 QUATRO MELHORES CONVERSAS DE *coaching*

Mude Mindsets e Suas Atitudes e Conquiste Resultados Extraordinários

ALTA BOOKS
EDITORA
Rio de Janeiro, 2021

As Quatro Melhores Conversas de Coaching
Copyright © 2021 da Starlin Alta Editora e Consultoria Eireli. ISBN: 978-85-5081-513-8

Translated from original The Four Greatest Coaching Conversations. Copyright © 2019 by Jerry Connor and Karim Hirani. ISBN 978-1-5293-9106-0. This translation is published and sold by permission of Nicholas Brealey Publishing, an imprint of John Murray Press, the owner of all rights to publish and sell the same. PORTUGUESE language edition published by Starlin Alta Editora e Consultoria Eireli, Copyright © 2021 by Starlin Alta Editora e Consultoria Eireli.

Todos os direitos estão reservados e protegidos por Lei. Nenhuma parte deste livro, sem autorização prévia por escrito da editora, poderá ser reproduzida ou transmitida. A violação dos Direitos Autorais é crime estabelecido na Lei nº 9.610/98 e com punição de acordo com o artigo 184 do Código Penal.

A editora não se responsabiliza pelo conteúdo da obra, formulada exclusivamente pelo(s) autor(es).

Marcas Registradas: Todos os termos mencionados e reconhecidos como Marca Registrada e/ou Comercial são de responsabilidade de seus proprietários. A editora informa não estar associada a nenhum produto e/ou fornecedor apresentado no livro.

Impresso no Brasil — 1ª Edição, 2021 — Edição revisada conforme o Acordo Ortográfico da Língua Portuguesa de 2009.

Produção Editorial	**Produtor Editorial**	**Equipe de Marketing**	**Editor de Aquisição**
Editora Alta Books	Illysabelle Trajano	Livia Carvalho	José Rugeri
	Juliana de Oliveira	Gabriela Carvalho	j.rugeri@altabooks.com.br
Gerência Editorial	Thiê Alves	marketing@altabooks.com.br	
Anderson Vieira			
	Assistente Editorial	**Coordenação de Eventos**	
Gerência Comercial	Maria de Lourdes Borges	Viviane Paiva	
Daniele Fonseca		eventos@altabooks.com.br	

Equipe Editorial	**Equipe de Design**	**Equipe Comercial**
Ian Verçosa	Larissa Lima	Daiana Costa
Luana Goulart	Marcelli Ferreira	Daniel Leal
Raquel Porto	Paulo Gomes	Kaique Luiz
Rodrigo Dutra		Tairone Oliveira
Thales Silva		Vanessa Leite

Tradução	**Revisão Gramatical**	**Diagramação**	**Capa**
Bruna Ortega	Luis Valdetaro	Joyce Matos	Larissa Lima
	Thamiris Leiroza		
Copidesque			
Vivian Sbravatti			

Publique seu livro com a Alta Books. Para mais informações envie um e-mail para autoria@altabooks.com.br

Obra disponível para venda corporativa e/ou personalizada. Para mais informações, fale com projetos@altabooks.com.br

Erratas e arquivos de apoio: No site da editora relatamos, com a devida correção, qualquer erro encontrado em nossos livros, bem como disponibilizamos arquivos de apoio se aplicáveis à obra em questão.

Acesse o site www.altabooks.com.br e procure pelo título do livro desejado para ter acesso às erratas, aos arquivos de apoio e/ou a outros conteúdos aplicáveis à obra.

Suporte Técnico: A obra é comercializada na forma em que está, sem direito a suporte técnico ou orientação pessoal/exclusiva ao leitor.

A editora não se responsabiliza pela manutenção, atualização e idioma dos sites referidos pelos autores nesta obra.

Ouvidoria: ouvidoria@altabooks.com.br

Dados Internacionais de Catalogação na Publicação (CIP) de acordo com ISBD

H668q	Hirani, Jerry Connor e Karim
	As Quatro Melhores Conversas de Coaching: Mude Mindsets e Suas Atitudes e Conquiste Resultados Extraordinários / Jerry Connor e Karim Hirani ; traduzido por Bruna Ortega. - Rio de Janeiro : Alta Books, 2021. 256 p. : il. ; 16cm x 23cm.
	Tradução de: The Four Greatest Coaching Conversations Inclui bibliografia. ISBN: 978-85-5081-513-8
	1. Administração. 2. Coaching. I. Ortega, Bruna. II. Título.
2020-2938	CDD 658.3124
	CDU 658.310.845

Elaborado por Vagner Rodolfo da Silva - CRB-8/9410

Rua Viúva Cláudio, 291 — Bairro Industrial do Jacaré
CEP: 20.970-031 — Rio de Janeiro (RJ)
Tels.: (21) 3278-8069 / 3278-8419
ALTA BOOKS   www.altabooks.com.br — altabooks@altabooks.com.br
EDITORA   www.facebook.com/altabooks — www.instagram.com/altabooks

ASSOCIADO

Sumário

Agradecimentos xiii

PARTE UM:
As Quatro Melhores Conversas de Coaching 1

Introdução 3

    Descobrindo as Quatro Melhores Conversas de Coaching 4

    Os Segredos por trás das Quatro Melhores Conversas de Coaching 12

Capítulo 1:   Ser 21

    Entendendo e Identificando a Conversa 22

    A Conversa Ser 26

    Aplicando a Conversa Ser 42

    Resumo 52

Capítulo 2: Relacionar 53

    Entendendo e Identificando a Conversa. 54

    A Conversa Relacionar 58

    Aplicando a Conversa Relacionar 75

    Resumo. 85

Capítulo 3: Inspirar 87

    Entendendo e identificando a conversa 88

    A Conversa Inspirar. 94

    Aplicando a Conversa Inspirar. 110

    Resumo. 118

Capítulo 4: Pensar 119

    Entendendo e identificando a conversa 120

    A Conversa Pensar 124

    Aplicando a conversa Pensar. 147

    Resumo 153

PARTE DOIS:
Organizações também possuem mindsets **157**

Capítulo 5: Transformando sua organização 159

    História um: Ser — Tornando-se engenhoso. 164

    História dois: Relacionar — Uma fusão entre duas empresas
                      de confeitaria. 167

    História três: Inspirar — Um grupo de escolas da cidade 169

    História quatro: Uma franquia de fast-food. 170

PARTE TRÊS:
Aprofundar: Entendendo a mudança de mindset 173

Capítulo 6: Por que cada mindset é diferente 175

    Desafio um: Existe realmente uma diferença psicológica
entre as quatro conversas? Por que cada mindset é diferente?. 175

    Desafio dois: Quão válidas são as quatro conversas?
Por que as utilizamos? 175

Capítulo 7: A psicologia do mindset 189

    As Cinco Dimensões 194

    O que impede as pessoas de mudar?. 209

Capítulo 8: Uma vida inteira de aprendizagem 217

Referências 233

Agradecimentos

Há muitas pessoas para agradecer, que contribuíram para as ideias e refinamentos do conteúdo deste livro. Gostaríamos de agradecer e dizer muito obrigado a:

Nossos coaches associados, que aprenderam, aplicaram, refinaram e moldaram estas conversas na prática. Estamos orgulhosos do trabalho que eles fazem com eles mesmos, integrando autenticamente estas ferramentas para transformar verdadeiramente seus coachees e organizações. Eles são coaches de nível mundial, com um feedback para se orgulhar!

Nossos colegas e funcionários da *BTS Coach*. Nossas equipes trabalham incansavelmente para permitir que nosso trabalho neste livro faça a diferença no mundo. Há tantos nomes para citar aqui — queremos dizer obrigado a cada um de vocês pessoalmente, pela sua contribuição para o sucesso de nosso trabalho, para que possamos tocar várias pessoas.

Aqueles que construíram, acrescentaram e lideraram o caminho para expandir o trabalho em vários ambientes e culturas, incluindo: Claire

Provan, Danielle Marchant, Eleonora Golcher, Gayatri Das Sharma, Melissa Deroche, Nicola Palk, Paul Neville e Stephanie Peskett.

Nossos parceiros da Bridge, que trabalharam conosco na criação de algumas das ideias compartilhadas neste livro.

Os funcionários da BTS que se associaram conosco para trazer a mágica do coaching para o trabalho que eles fazem.

Os colaboradores da profissão de coaching e desenvolvimento — nossas teorias e ideias são construídas nos "braços de gigantes" e exploram profundamente o excelente trabalho de grandes líderes do mundo de coaching, transformação e mudança.

Nossos clientes de organizações que confiam em nós para trabalharmos em suas empresas, transformando-as a fim de criar um mundo e um planeta melhor, para que os líderes possam fazer o melhor trabalho de suas vidas.

Nossos coachees que assumiram a responsabilidade de se tornarem pessoas mais conscientes para servir suas organizações, família e sociedade.

Aqueles que estão conosco nesta jornada há mais tempo: um agradecimento especial a Sue Stokely e Lee Sears, que estão presentes desde o início e fundaram o negócio com Jerry. Eles tiveram a coragem e a visão para levar este trabalho para nossas localidades, e também um papel significativo na ampliação e modelagem de nossos pensamentos. Somos profundamente gratos.

Gostaríamos de dar nossos sinceros agradecimentos a Ruth Needham, nossa agente literária, que contribuiu significativamente para a criação deste livro, e manteve seu propósito, cuidando de nós e nos apoiando durante toda a jornada. Obrigada, Ruth, e também Meg Davies, da Ki Agency, por suas importantes contribuições.

E, é claro, gostaríamos de agradecer a nossas famílias, que nos apoiaram especialmente durante os altos e baixos da produção do livro — obrigada por todo seu amor e apoio. Obrigada, Rosie, Shehzma, Adie, Aila, Elliot, Kieran e Rayya.

PARTE **UM**

As Quatro
Melhores Conversas
de Coaching

Introdução

O que faz com que um bom coach seja um grande coach?

Imagine que alguém que o conheça venha até você se sentindo para baixo. "A apresentação foi horrível", diz ela, se referindo a uma apresentação para a qual vinha se preparando há muito tempo. "Nunca serei levada a sério."

Como você responde? Se tem um treinamento ou é gerente de relacionamento, como poderia treiná-la? Esse tipo de situação soa familiar?

Como coach, isso deve deixar seus ouvidos em alerta. É uma excelente oportunidade para uma das melhores conversas de coaching. Uma chance de ajudar essa pessoa a se levantar depois de uma reunião difícil, a aprender com esta experiência, e a aflorar sua confiança na comunicação de novas ideias. É a oportunidade de fazer uma enorme diferença.

A maioria dos bons coaches reconhecerá a chance de ser útil ouvindo ou oferecendo um tempo para refletir sobre o que aconteceu — mas um ótimo coaching é mais do que isso. Grandes coaches podem transformar esse tipo de situação em uma oportunidade de mudar o mindset, uma maneira de criar uma mudança profunda e duradoura em seus coachees. Isso porque eles sabem como identificar e usar as quatro melhores conversas de coaching. Essa situação comum de responder a um revés é apenas uma delas.

Descobrindo as Quatro Melhores Conversas de Coaching

Começamos a identificar essas conversas com base em alguns dados notáveis. Somos ambos fundadores e principais líderes da empresa *BTS Coach*. Ela foi a pioneira em coaching acessível, e a empresa gerencia mais de trezentos coaches em mais de quarenta países, treinando quase 10 mil pessoas por ano. Para controlar a qualidade, sempre pedimos para nossos coaches manterem anotações anônimas.

Em 2012, percebemos que esses dados eram uma mina de ouro. Inadvertidamente, criamos um registro de mais de 100 mil conversas em que os líderes estavam mais abertos com relação aos desafios que estavam enfrentando e sobre as ideias de uma possível mudança. E, claro, o que possibilitou a mudança foi o mindset.

Cada coachee entrava com um desafio ao vivo e crítico. Em cada situação, eles precisavam mudar seu mindset para obter a mudança necessária. O poder destes dados era que, por meio das conversas, podíamos acompanhar o que os coaches estavam fazendo para criar essa mudança.

Algo fascinante emergiu desses dados. Na raiz de situações e cenários diferentes, mudanças de mindset específicas e certas conversas continuavam recorrentes. Um líder que quer influenciar colegas, um gerente que gostaria de treinar seus funcionários ou um vendedor que deseja demonstrar mais confiança para seus clientes podem precisar da mesma mudança de mindset para alcançar seus objetivos, e todos podem precisar de uma conversa semelhante para obter a ajuda de que necessitam.

Agrupamos nossas descobertas em quatro áreas, cada uma relacionada a um tipo de mindset:

1. "Ser": Essas conversas foram sobre a desenvoltura do indivíduo, a confiança e a capacidade de se manter calmo, aberto e empático em qualquer situação. Incluía autenticidade e ser você mesmo quando você mais precisa.
2. "Relacionar": Estas foram conversas sobre relacionamentos com outras pessoas. Incluía influenciar, construir confiança, passar uma mensagem difícil, colaborar ou lidar com conflitos.
3. "Inspirar": Estas foram conversas sobre direção, mudança e propósito. Incluía responder proativamente a situações de incerteza, sabendo o que você representa e como liderar.
4. "Pensar": Estas foram conversas sobre a solução de problemas de uma nova maneira. Incluía identificar preconceitos e buscar contribuições de diversas fontes, usando criatividade, estratégia, inovação e discernimento. Essa conversa era sobre olhar além do óbvio.

Essas áreas foram universais. Por exemplo, um líder que procura coaching para ajudá-lo a falar em público e um líder que procura coaching para ajudar com suas emoções podem provavelmente precisar da mesma coisa quando vemos a situação através da lente do mindset. Em ambos os casos, a conversa "Ser" permitiria que eles escolhessem suas atitudes em situações críticas.

Curiosamente, os ótimos coaches entenderiam isso e usariam a ferramenta certa para mudar seus mindsets de forma correta. A conversa crítica de coaching com o indivíduo que gostaria de ter mais confiança para falar em público seguiu o mesmo caminho que a intervenção de coaching com a pessoa que gostaria de gerenciar suas emoções. Se a mudança é a mesma, a abordagem de coaching será a mesma também.

E, logicamente, se você precisar associar a conversa à mudança, a mesma técnica não funcionará para as conversas sobre "Relacionar", "Inspirar" e "Pensar". Em cada caso, se quiser mudar seu mindset, algo muito diferente será necessário.

Essas descobertas são notáveis. Vamos explorar ainda mais como as mudanças são diferentes e por que isso é importante.

Cada mudança é fundamental e cria uma mudança radical no desempenho, mas cada uma delas é diferente e exige que o coach trabalhe de maneira diferente.

Veja dois exemplos:

Uma coachee era uma talentosa profissional de marketing. Nos negócios do dia a dia, sua qualidade era excepcional. Mas quando se tratava de "vender suas estratégias" para líderes seniores ou defender seu ponto de vista para colegas mais críticos, ela era menos eficaz. O coach focou o que descobriremos ser perguntas clássicas do "Inspirar". Ele pediu para a coachee moldar sua visão sobre a diferença que suas estratégias podem fazer. Ele a treinou para esclarecer a mudança que ela gostaria de fazer para liderar o negócio e construir uma forte narrativa para dar vida aos seus planos. Mas, mesmo assim, ela falhou. Por quê? Porque o coach estava se concentrando na conversa errada. Nossa coachee não tinha senso claro de propósito ou a capacidade de moldar uma história. A questão aqui é que ela não tem a engenhosidade de negociar com líderes seniores. A única maneira de resolver isso é utilizando a conversa "Ser", que irá ajudá-la a entender por que ela está na defensiva e perdendo autoridade com o público sênior, e a responder da melhor maneira possível durante negociações com os líderes seniores.

O outro coachee era um empreendedor. Após o sucesso inicial, ele estava passando por uma série de perdas. Naturalmente, ele estava começando a questionar suas ideias de negócios. Neste caso, o coach focou a conversa "Ser", ajudando o coachee a entender as dúvidas que começaram a aparecer com as constantes falhas. O coach então ajudou o coachee a construir respostas engenhosas para trazê-lo de volta da decepção, porém seus negócios continuavam falhando. Neste caso, não havia a necessidade de usar a conversa "Ser". É fundamental que os empreendedores percebam o feedback que seus produtos recebem no mercado e utilizar isso para desafiar a maneira como pensam sobre seus negócios. Em vez de ajudar o coachee a se tornar mais forte, a necessidade aqui era treinar suas estimativas sobre o negócio. Esta é uma clássica conversa de coaching chamada "Pensar".

Introdução

Cada um desses casos usou a conversa incorreta de coaching, e o coach não criou mudanças de comportamento sustentáveis nem resultados. Existem muitas histórias como essas em nosso banco de dados. Rastreamos se um indivíduo experimentou uma "mudança significativa" usando coaching. E existe uma correlação direta entre abordar o diálogo sobre que o coachee realmente está falando e o coachee fazendo mudanças significativas.

Mas o que isso significa para você como coach e líder?

Você precisa ser capaz de identificar e ouvir pistas sobre qual das quatro melhores conversas de coaching o coachee realmente precisa. O mapa apropriado dessa conversa pode guiá-lo. Se você fizer isso, suas chances de ajudar seus coachees a fazer uma mudança consistente e significativa — uma mudança de mindset — aumentam consideravelmente.

Então, o que são essas conversas?

Simplificando, o coração das quatro conversas são (veremos as mentalidades subjacentes mais tarde):

1. A conversa "Ser" é usada quando alguém está se sentindo para baixo, sem confiança ou sem recursos.
2. A conversa "Relacionar" é usada quando alguém precisa criar confiança ou conexão com outras pessoas.
3. A conversa "Inspirar" é usada quando alguém não consegue se inspirar com um propósito ou direção clara.
4. A conversa "Pensar" é usada quando alguém precisa encontrar novas ideias ou soluções criativas.

Criticamente, elas trabalham além das sessões formais de coaching. A maioria dos líderes sabe que o coaching precisa ser sério — você nem sempre terá o luxo de uma série de conversas em torno de um objetivo em longo prazo. Um colega pode vir até você e dizer: "Estou frustrado com meu colega após a nossa reunião. Me ajuda." A beleza dessas quatro conversas é que ideias podem ser usadas no momento, em conversas focadas no coaching que duram cinco minutos ou por um período mais longo, planejado em torno de um objetivo.

Vamos dar uma olhada em cada uma delas.

Conversa 1: A Mudança Ser

Quando alguém está se sentindo para baixo, sem confiança ou sem recursos.

O exemplo no início deste capítulo é típico da conversa "Ser". Nós introduzimos um membro da equipe que estava se sentindo mal após uma reunião para a equipe principal. Embora a causa possa ser diferente, todos os seres humanos experimentam a necessidade desta conversa todos os dias. Existem assuntos sobre os quais somos defensivos, inseguros ou ansiosos. Situações ou pessoas que não nos deixam dar o melhor de nós. Não importa quem você está treinando, você verá que há momentos em que eles não estão dando o seu melhor. Isto acontece quando se sentem para baixo, com pouca confiança ou sem recursos com relação a alguma coisa.

Mudar a maneira como seus coachees respondem a situações como essas pode ser uma grande transformação. A mudança de mindset tem a ver com a capacidade de ser o melhor quando mais precisam, por exemplo, como ser confiante e autoritário com um público mais velho ou calmo e autêntico em uma situação difícil no trabalho.

A onipresença desta conversa foi destacada em 2016, quando trabalhamos com a Singapore Management University para analisar mais de novecentas interações entre coach/coachee[1]. Cada interação abrangeu pelo menos quatro sessões de treinamento por um período de vários meses. Trabalhando de forma independente, um doutorando caracterizou essas conversas de acordo com os diálogos "Ser", "Relacionar", outro ou um mix de duas ou mais. Todos os níveis serão discutidos na Parte Três deste livro. Por enquanto, concentre-se totalmente nas áreas. Veja a tabela com os resultados a seguir.

Os resultados mostram o quão significativas as conversas "Ser" e "Relacionar" são para os líderes de hoje em dia. Elas estão no coração da inteligência emocional. Em particular, a conversa "Ser" é a mais necessária na América do Norte e a segunda mais comum ao redor do mundo.

	EUROPA	ÁSIA	AMÉRICA DO NORTE
Ser Nível 1	26%	10%	36%
Relacionar Nível 1	33%	36%	27%
Ser Nível 2	3%	1%	4%
Relacionar Nível 2	7%	10%	8%
Outros	31%	43%	25%

Conversa 2: A Mudança Relacionar

Quando alguém precisa construir confiança ou conexões com outras pessoas.

Veja uma típica situação em que podemos usar a conversa "Relacionar":

> Imagine que você lidera uma equipe de vendas, e um dos seus principais executivos de vendas vem tentando fechar um acordo. Todos os principais tomadores de decisão estão de acordo, exceto o diretor financeiro. "Eu tentei de tudo!", desabafa o funcionário. "Mas ele é tão mesquinho. Só pensa nos custos! O que posso fazer?"

Como você responde? Como pode treiná-lo para aprender com essa situação e encontrar uma nova maneira de influenciar o diretor financeiro? Como fazê-los reconhecer seus julgamentos e reações para mudar seu mindset em relação aos outros, para maior compreensão e empatia?

A maioria dos coaches encontra regularmente situações como essa, em que pessoas vêm até nós procurando treinamento para lidar com outras pessoas.

Na verdade, de acordo com as pesquisas feitas pela Singapore Management University, essa é a necessidade mais comum tanto no mercado europeu quanto no mercado asiático, e também é a necessidade mais comum em nosso banco de dados[2]. Porém, isto não é surpreendente, o sucesso para a maioria das pessoas depende de sua capacidade de se envolver, influenciar e treinar outras pessoas. Essa é a essência da liderança e é frequentemente o único elemento que define a eficácia.

Nós vamos explorar, no Capítulo 2, a conversa "Relacionar" com mais profundidade, e como ajudar executivos de contas.

Conversa 3: A Mudança Inspirar

Quando alguém não consegue obter inspiração ou inspirar outras pessoas com um propósito claro ou direção.

Veja uma típica situação em que podemos usar a conversa "Inspirar":

> Imagine que você esteja treinando uma pessoa de alto desempenho. *Ela trabalhou demais durante o ano e superou todas as suas metas.* Mas está exausta, e começando a receber feedback de outras pessoas de que ela é excessivamente disposta e não inspiradora. Ela então decide se abrir para você, compartilhando que está começando a se perguntar se tudo isso vale a pena e que necessita de algum apoio para reacender sua inspiração.

Como você responde? Como a treinaria? Como poderia ajudá-la a descobrir o que realmente é importante para ela e como ela poderia conseguir inspirar a si mesma e a todos ao seu redor?

Esse tipo de conversa está se tornando comum no mundo moderno. Nas gerações passadas, o sucesso era tipicamente definido por uma carreira bem planejada e por concluir tarefas definidas para certos padrões. Era menos importante saber o que você queria e o caminho que você gostaria de seguir. Agora espera-se que as pessoas "escolham suas próprias carreiras", "liderem na incerteza" e criem sua própria visão de sucesso. Esta conversa é essencial para treinar outras pessoas nesta área.

Como coach, é uma conversa brilhante para se obter uma grande mudança de mindset no treinamento de pessoas que queiram obter clareza sobre quem eles querem ser e proporcionar a mudança de que eles precisam. Esta é uma das nossas conversas favoritas.

Vamos explorar mais sobre ela e como treinar "vendedores" no Capítulo 3.

Conversa 4: A Mudança Pensar

Quando alguém precisa encontrar novas ideias ou soluções criativas.

Veja uma típica situação em que podemos usar a conversa "Pensar":

> Imagine que um gerente de fábrica procure você para obter apoio. Ele foi desafiado a aumentar a eficiência e cortar gastos, e as ideias geradas até agora parecem obsoletas. Ele quer alguma ajuda para sair desta "rotina".

Como você responde? Como pode treiná-lo para pensar de maneira diferente e, portanto, criar ideias genuinamente inovadoras? A conversa "Pensar" aborda isso e também como criamos e inovamos com novas soluções.

Esta conversa *não* é utilizada para dar às pessoas novas ideias ou soluções criativas, isso não seria coaching. Esta conversa *serve* para criar um pensamento desafiador. Trata-se de treinar as pessoas para que elas possam visualizar uma situação através de novas e diferentes lentes, liberando novos níveis de criatividade e inovação no coachee. Essa mudança permite que algumas pessoas se afastem de uma situação e escolham a causa raiz, para criar uma visão estratégica e desenvolver ideias radicalmente novas.

Trata-se de reconhecer o pensamento habitual "Como eu ou nós normalmente pensamos sobre isso" e conscientemente ir além dessas suposições para criar novas maneiras de encarar tudo isso. Trata-se de sentir-se curioso novamente.

Em resumo: As Quatro Melhores Conversas de Coaching

As Quatro Melhores Conversas	Quando você pode usar?	Como ajudar seus coachees?
A conversa **Ser**	Quando alguém está se sentindo para baixo, sem confiança ou sem recursos.	Dar o melhor de si quando mais precisam, além de confiança, resiliência, controle emocional, desenvoltura, ter uma mentalidade de crescimento.
A conversa **Relacionar**	Quando alguém precisa criar confiança ou conexão com os outros.	Influenciar outras pessoas, transmitir mensagens difíceis, escutar, construir relacionamentos com aqueles que acham desafiadores, superar conflitos.
A conversa **Inspirar**	Quando alguém não consegue obter inspiração ou inspirar outras pessoas com propósito claro ou direção.	Liderar na incerteza, definir uma direção, clareza, saber o que eles representam, significados e valores.
A conversa **Pensar**	Quando alguém precisa encontrar novas ideias ou soluções criativas.	Criar ideias revolucionárias, inovar, resolução de problemas, visão estratégica, desafiar as ideias de como as coisas são feitas.

Os Segredos por trás das Quatro Melhores Conversas de Coaching

Então, por que essas conversas são tão importantes? Qual é o segredo por trás delas? Por que se destacaram tão fortemente em nosso banco de dados? Descobrimos que elas são muito críticas porque trabalham com o mindset das pessoas. Isso significa que a mudança que elas proporcionam é mais profunda, duradoura e significativa. Isso ocorre porque o mindset se encontra no coração da mudança de comportamento.

Para trazê-la à vida, considere este cenário que pode lhe parecer familiar:

> Você recebe o feedback que um membro da sua equipe está deixando os colegas frustrados com sua falta de comunicação e falta de sensibilidade. Porém, não tem certeza do que fazer, pois deu a ele esse feedback em ocasiões anteriores e este se comprometeu a mudar. Você criou uma meta de desenvolvimento para obter esse resultado e utilizou diálogos de coaching, porém ele ainda não mudou seu comportamento.

Por que não? E como todas essas habilidades de coaching não estão funcionando?

Porque essas conversas não atingem o que é necessário para se obter a mudança. Às vezes, uma boa conversa não é suficiente, todos nós sabemos disso — pense nas resoluções de Ano Novo que não se concretizam ou nas promessas que fazemos de melhorar a nós mesmos que nunca dão certo. Uma mudança de comportamento exige mais do que boas intenções, requer mudança no mindset. No exemplo acima, o membro da equipe jamais mudará seu comportamento até que nós abordemos seu mindset. Para fazer isso, vamos analisar o mindset.

Mas o que queremos dizer com mudança de mindset?

Um amigo próximo fez uma cirurgia de ponte de safena quando tinha 56 anos, isso foi necessário pois ele tinha colesterol alto. O especialista o aconselhou a mudar seu estilo de vida para evitar que isso ocorra novamente, e, apesar das boas intenções, ele não conseguiu substancialmente mudar seu estilo de vida. Infelizmente, morreu de problemas cardíacos cinco anos depois.

Por que ele não mudou? Ele tinha todo o conhecimento e habilidades de que necessitava para mudar, e, certamente, também tinha a motivação necessária. Na verdade, o que aconteceu com meu amigo não é algo incomum. Segundo estudos, apenas uma em sete pessoas consegue mudar apesar de todas serem informadas por um médico de que elas têm uma condição que coloca a vida em risco se não mudarem.[3]

Ou, então, observe uma situação de negócios. Em 2007, a Apple lançou o iPhone, e na época a Blackberry era a marca que dominava o mercado. Durante os próximos quatro anos, as vendas da Blackberry cresceram e ela continuou a ignorar o perigo que seu concorrente mais "fraco" trazia. Os executivos da Blackberry não conseguiam imaginar que seus usuários poderiam trocar seus teclados pela tecnologia touchscreen. Como resultado, a Blackberry agora é uma fração do que a Apple se tornou.

Observe este exemplo comportamental. Segundo pesquisas, 65% dos funcionários da América do Norte desejam obter mais feedback das empresas em que trabalham[4]. Portanto, deveria ser fácil convencer os gerentes a darem, correto? Bom, longe disso... Descobrimos que dar feedback é um dos comportamentos que os gerentes acham mais difícil, portanto o evitam. Mas por quê? Especialmente quando seus funcionários claramente querem feedbacks?

Em todos esses casos, a mudança não está acontecendo. Meu amigo não quis mudar seu estilo de vida, mesmo que fosse do interesse dele fazê-lo. A Blackberry não desafiou suas visões de mercado, apesar de ter permanecido líder de mercado por mais alguns anos e ter tido bastante tempo para tomar uma atitude. Os gerentes das empresas não estão mudando de opinião para oferecer feedback aos membros de suas equipes, mesmo sabendo que seus funcionários querem o feedback.

Nessas situações, dizer às pessoas que devem mudar não é o suficiente. Assim como não é suficiente apresentar boas intenções, fazer perguntas ou utilizar modelos ou ferramentas para melhorar. Há algo a mais em jogo: o mindset.

Os mindsets são as crenças, as suposições e os quadros mentais — frequentemente inconscientes — que moldam as ações das pessoas. Se nosso coachee não tem conhecimento dos mindsets, pode acabar descobrindo que as boas intenções de mudar falham frente ao estresse, e assim velhos hábitos voltam à tona. Os mindsets correspondem a componentes fisiológicos e emocionais.

Os avanços recentes na neurociência ajudam a explicar isso. Aprendemos que o disparo frequente de neurônios no cérebro cria caminhos profundos, ou "rios de pensamentos". A boa notícia é que o cérebro é "plástico" e esses caminhos podem ser mudados; e a má notícia é que novas conexões terão que ser construídas para que se possa fazer isso.

Sem criar novas conexões, reações naturais serão definidas por vias neurais estabelecidas, então o mindset de nosso coachee — sendo novo ou não — desempenhará um papel fundamental na condução de seu comportamento — seja velho ou novo — que, então, dirá seu impacto e resultados. Nos três exemplos citados anteriormente, desbloquear o mindset que conduzia tal comportamento teria sido fundamental para meu amigo ter mudado sua dieta, a Blackberry ter enfrentado o desafio da Apple e os gerentes serem persuadidos a dar feedback aos seus funcionários.

Vamos dar outro exemplo simples para ilustrar o impacto da mudança de mindset sobre o comportamento.

Se um gerente acredita que um feedback negativo vai magoar o funcionário ou desmotivá-lo, o gerente provavelmente terá medo de dar o feedback. Mesmo que ele tente dar o feedback, apesar de sua crença, pode não funcionar. Digamos, por exemplo, que o gerente assista a um workshop para adquirir habilidades para dar feedbacks, retorne com um novo modelo de feedback e resolva experimentar em seus funcionários. Mas, por acreditar que dar feedback negativo poderia chatear seus funcionários, acabava ficando ansioso. Por causa dessa ansiedade, a mensagem que gostaria de passar sai mais grosseira e direta do que pretendia e o funcionário capta a mensagem desajeitada e cheia de ansiedade, e realmente fica chateado.

O mindset do gerente (o feedback negativo vai magoar o funcionário) significa que adotar uma mudança de comportamento por conta própria não funcionou — de fato, o tiro saiu pela culatra, reforçando o mindset original.

O Mindset Conduz o Comportamento que Conduz o Resultado

"Suas crenças se tornam seus pensamentos. Seus pensamentos se tornam suas palavras. Suas palavras se tornam suas ações. Suas ações se tornam seus hábitos. Seus hábitos se tornam seus valores. Seus valores se tornam seu destino." (Uma citação atribuída a Mahatma Gandhi.)

Por outro lado, suponha que o gerente reconheceu que possuía essa crença ou suposição de que o feedback negativo vai magoar seus funcionários (observe a certeza da suposição de que isto "vai" magoar) e decidiu alterá-la utilizando a conversa "Ser". Talvez eles tenham substituído a crença de que "o feedback negativo vai magoar meus funcionários" pela crença de que "meus funcionários adorariam saber como eles estão trabalhando". Neste cenário, os resultados seriam diferentes. O gerente agora pode dar seu feedback com confiança, e estará, portanto, livre da ansiedade; será capaz de transmitir a mensagem de forma clara e cuidadosa e com isso o resultado será diferente. O mindset conduz o comportamento, e o comportamento gera resultados. Isso é bem expresso por A. J. Crum, P., Salovey e S. Achor, que definem o mindset como "um quadro mental ou lente que seletivamente organiza e codifica informações, assim orientando um indivíduo em direção a uma maneira única de entender uma experiência e guiando-o em direção a ações e respostas correspondentes".[5] Isso tem sido repetidamente confirmado por autores como A. B. Frymier e N. K. Nadler.[6]

À medida que avançamos em cada conversa, vamos nos referir a pesquisas que mostram o impacto da mudança de mindset nos resultados dos negócios. Isso funciona.

Portanto, um ótimo coach precisa saber trabalhar com consciência sobre mindset.

De fato, como coaching envolve aprendizado e crescimento de adultos, raramente tem a ver com simplesmente transmitir informações ou novas habilidades. Normalmente, treinamos outras pessoas para que elas possam aprender a expandir sua perspectiva ou mudar a maneira como elas observam ou respondem. Em outras palavras, mudar o mindset.

Frequentemente ouvimos: "Bem, se eles tivessem uma atitude melhor, talvez teriam sucesso" ou "Eles só precisam mudar de perspectiva". Mas ninguém fornece a resposta para realmente fazer isso — a mudança de atitude, perspectiva ou mindset. Este livro mostra como trabalhamos, junto de outras pessoas, para fazer isso com sucesso, milhares de vezes.

Como coaches, precisamos dominar a arte e a ciência do coaching para transformar o mindset. Ao fazermos isso, podemos realmente ajudar os coachees a crescer e mudar. É uma ciência porque o funcionamento além da superfície das quatro conversas foi pesquisado e testado. É uma arte, pois cada ser humano é diferente — cada resposta aos questionamentos das quatro conversas serão diferentes, cada insight para o coachee e cada aplicação em sua vida real será diferente.

Vamos ajudá-lo a identificar quando cada uma das quatro conversas é necessária e como conduzi-las. Você não precisa ter nenhum tipo de treinamento para usá-las, mas se teve algum tipo de treinamento formal, as conversas vão complementá-lo.

Este livro foi escrito sob essa luz. Tudo o que discutimos nas páginas a seguir é sobre o poder das quatro conversas de mudar o mindset.

> Nota sobre a nossa metodologia de coaching: Ela está alinhada com a profissão de coaching, com a International Coaching Federation ou com o Conselho Europeu de Tutoria e Coaching?
>
> Nós acreditamos que sim!
>
> *Embora este livro seja destinado aos gerentes de linha e ao treinamento que todos nós podemos fazer todos os dias, essas conversas podem ocorrer em contexto de uma intervenção de coaching profissional, ou seja, possui um framework ético de treinamento, com um contrato de treinamento e a serviço do objetivo do cliente. Muitos treinamentos para coach oferecem ferramentas/ modelos/processos da Programação Neurolinguística ou ensinam modelos sobre os problemas críticos em nossas mentes para apoiar nossos coachees. Estamos adicionando outros modelos, teoria pesquisada e frameworks que lançam mais luz sobre o território da experiência. Isso aumenta o poder de perceber sobre o que o coachee está realmente falando, e fornece foco na mudança de mindset que conduzirá a meta.*
>
> *Isso significa que podemos ouvir com maior sintonia, fazer perguntas mais poderosas, oferecer percepção/insight direta e provocar uma mudança duradoura. Nos mindsets de coaching, ainda estaremos ouvindo, fazendo perguntas, criando consciência — mas com a sabedoria das quatro melhores conversas.*
>
> *Sentimos que esses modelos colaboram significativamente para o processo de coaching.*
>
> *Com contratação transparente e alinhamento sobre o objetivo do coachee, essas ferramentas podem ser adaptadas como poderosas armas para o coaching profissional.*

Este livro vai além dos modelos básicos de coaching que você pode encontrar, como o método GROW, como ouvir ou fazer perguntas. Ele vai ajudá-lo a entender o mindset, ouvir a conversa correta e fazer perguntas poderosas, aproveitando as ferramentas e o processo para mudá-las. Isto aprimorará qualquer abordagem para se obter ótimas conversas de coaching.

Você descobrirá um atalho simples e comprovado de maneiras transformacionais para mudar o mindset utilizando cada uma das quatro conversas, oferecendo a você a capacidade de obter um impacto genuinamente transformador quando seu coachee mais precisa.

Os Impactos Dessas Conversas São Comprovados?

Como treinamos em volume, somos indiscutivelmente o primeiro negócio de coaching a ser capaz de utilizar o "big data", e testar e refinar essa abordagem. Nós sempre acreditamos na transparência e compartilhamos abertamente nossa metodologia com os coachees antes do treinamento. Acreditamos que, com isso, podemos ir mais fundo e mais rápido. Nosso NPS (Net Performance Score) é de 98% e mais de 97% de nossos coachees afirmam que obtiveram mudanças como resultado do treinamento. Significativamente, o número de coachees que afirmam que a mudança é significativa e duradoura (um indicador de mudança de mindset) está correlacionado com a escolha do coach e com o uso da conversa correta para o coachee.

Por que isso é importante? Porque todas as ferramentas compartilhadas neste livro foram testadas e refinadas em milhares de coachees. Você tocará no insight de milhares e milhares de horas de treinamento e milhares de coaches. E compartilharemos ferramentas de maior impacto.

Além disso, mostraremos também como nossas quatro áreas são as mais relevantes no mundo de hoje, compartilhando pesquisas feitas com líderes de opinião nas áreas de liderança e desenvolvimento. Eles destacam as mesmas quatro áreas! Discutiremos o impacto comercial de cada uma delas. Para quem gosta de informações, também compartilharemos como esses quatro mindsets se relacionam com o desenvolvimento psicológico humano.

Como Ler Este Livro?

Este livro é dividido em três partes.

Parte Um:
As Quatro Melhores Conversas de Coaching

Esta seção dá vida às quatro conversas. Cada capítulo traz uma conversa e o ajuda a entender, experimentar e descobrir como treinar outras pessoas. Nós sugerimos passar pela teoria para entender os conceitos e, em seguida, trabalhar com os exemplos reflexivos no final dos capítulos, com seus próprios exemplos. Quanto mais você puder aprender por si mesmo, melhor. E, com isso, você será capaz de apoiar outra pessoa por meio dessas conversas. No final de cada seção você encontrará dicas e sugestões adicionais sobre como trabalhar com essas ideias ao treinar outras pessoas.

Parte Dois:
Organizações Também Possuem Mindsets

No Capítulo 5, olharemos para além do treinamento de indivíduos, e vamos explorar a maneira como empresas e organizações também precisam mudar seus mindsets — e como as quatro conversas podem ajudar a resolver desafios em seus negócios.

Parte Três:
Aprofundar: Entendendo a Mudança de Mindset

Nos Capítulos 6, 7 e 8 passaremos da prática para a teoria e daremos um pouco mais de profundidade e análise à pesquisa e aos pensamentos por trás deste trabalho. Existe uma diferença psicológica genuína entre as conversas? Quais são os princípios por trás da mudança de mindset? Vamos observar a psicologia por trás dessas conversas e como ser um mestre em como treinar outras pessoas para mudar seus mindsets. No capítulo final, vamos olhar além das quatro maiores conversas e dar uma ideia de como elas se expandem à medida que seus coachees se tornam mais maduros e sofisticados.

A fim de tornar mais simples, nos referimos a qualquer pessoa que use habilidades de coaching com outras pessoas dentro de empresas como coach, seja ele um líder fazendo uma intervenção de desenvolvimento, um gerente de linha tendo uma boa conversa ou um coach profissional. E nos referimos à pessoa que está sendo treinada como coachee.

Capítulo **1**

Ser

ENTENDENDO E IDENTIFICANDO A CONVERSA

    Introdução

    Quando podemos usar esta conversa?

    O que o coachee pode dizer?

    Como reconhecer a mudança nesta conversa?

A CONVERSA *SER*

    Uma amostra da conversa em ação

    Desvendando a conversa em alto nível: o processo EVE

    Desvendando a conversa em alto nível: insights e modelos de coaching:

        Primeiro Passo: *Emoção* (e Pensamento)

        Segundo Passo: *Verdade*

        Terceiro Passo: *Escolha*

> **APLICANDO A CONVERSA *SER***
>   Aplicação em outras situações
>   O impacto nos negócios
>   Praticando e aplicando em si mesmo
>   Aplicando no coaching: outras grandes questões de coaching
>   Dicas e sugestões para mudar de dentro da caixa para fora dela
>   RESUMO

Entendendo e Identificando a Conversa

Introdução

Quando alguém está se sentindo para baixo, sem confiança ou sem recursos.

Na Introdução, nós demos o seguinte exemplo:

> *Imagine que alguém que o conheça venha até você se sentindo para baixo. "A apresentação foi horrível", diz ela, se referindo a uma apresentação para a qual vinha se preparando há muito tempo. "Nunca serei levada a sério."*

Como você responde? Como você pode treiná-la para que possa aprender com essa situação e saia da conversa se sentindo confiante?

Exploraremos a resposta neste capítulo.

A conversa "Ser" se encontra no coração da eficácia pessoal. É uma das conversas de coaching mais importantes. Ela permitirá que você ajude outras pessoas a se tornarem melhores quando mais precisam. Muitas vezes, é a chave para desbloquear um novo nível de desempenho em seus coachees e, ao mesmo tempo, permitirá que você os ajude a enfrentar os desafios da vida de maneira firme e engenhosa.

Vamos incluir mais detalhes para esse exemplo. Imagine que esta pessoa seja uma profissional de marketing de alto desempenho, articulada, brilhante e que sabe o que está fazendo. Mas ela continua recebendo feedbacks de que não tem presença executiva. Quando se apresenta na frente da equipe principal ou de seus clientes seniores, ela perde o brilho, fica dura, gagueja. Por que isso acontece? Por que sua inteligência e personalidade não surgem quando ela se apresenta aos líderes seniores?

Uma simples metáfora pode ajudar.

Uma senhora estava sentada em frente a uma janela! Ela olhou pra fora e começou a se sentir frustrada. "Phil", ela chamou o marido, "olhe para a nova vizinha ao lado. Ela está pendurando roupa suja. Isso é errado".

Phil simplesmente respondeu: "Sim, querida."

Na manhã seguinte, a senhora gritou novamente, desta vez mais irritada do que antes. "Phil, ela está fazendo isso de novo, não acredito! Pendurou roupa suja novamente! Ela está arruinando meu ambiente e a linda vista da minha janela." Ela estava começando a se sentir angustiada, o que estava afetando seu humor e seu relacionamento.

"Sim, querida", respondeu Phil novamente.

Isso continuou por alguns dias, e seu nível de estresse aumentou consideravelmente. Então, algo mudou. "Phil, venha aqui, rápido!", gritou ela. Phil então foi até lá. "Olha, a vizinha finalmente pendurou roupa limpa! Ela claramente aprendeu com seu erro, alguém deve ter falado com ela. Finalmente posso relaxar. Ainda assim, não sei o que há de errado com ela, e não vou sorrir para ela tão cedo."

Phil, parecia irônico e hesitante, e disse: "Querida, hum, eu esqueci de te dizer... Hoje de manhã eu limpei sua janela."

Esta história ilustra uma ideia fundamental no centro desta mudança: frequentemente, não são as circunstâncias que são a fonte de estresse, e sim a "janela" através da qual nossos coachees olham — a janela de sua percepção. Quando é manchada por crenças inúteis sobre a situação, eles perdem sua desenvoltura e são menos resilientes. Suas crenças, suposições, padrões emocionais e medos estão deixando sua janela turva.

No caso da profissional de marketing, o desafio não é o conteúdo ou ato de apresentar: ela pode fazer ambos. É a "janela" através da qual ela está olhando que a deixa ansiosa para impressionar os líderes seniores. Já que ela vê apresentações como uma ocasião estressante, fica ansiosa e não brilha. Mas são suas crenças internas que impulsionam isso, não a situação em si.

A conversa "Ser" tem a ver com "limpar a janela". *A mudança de mindset é permitir que as pessoas vejam a situação com clareza, livre de medos e julgamentos, para serem totalmente engenhosas em suas respostas.*

Quando podemos usar esta conversa?

Para a maioria de nós, é óbvio quando alguém está se sentindo para baixo, sem confiança ou sem recursos sobre alguma coisa. Vemos isso o tempo todo.

Um ponto em comum aqui é que em todas as situações o *coachee* tem o conhecimento e as habilidades necessárias, mas não consegue usá-las com eficácia. Na melhor das hipóteses, poderia lidar com a situação de uma forma diferente. O coaching se concentra em ajudar o coachee a encontrar o melhor de si e, com isso, se tornar mais eficaz.

O que o coachee pode dizer?

O que um indivíduo fala sobre si mesmo pode ser um sinal claro de que ele se encontra sem recursos. Aqui vão alguns exemplos.

- Se ouvir seu coachee dizendo coisas como "Não posso", "Isso não faz sentido…" ou "Não vai funcionar".

- (Mais sutil de entender) Se sentir que seu coachee quer alcançar um resultado específico e começa a usar frases como "Nós precisamos" ou "Não podemos falhar!", é provável que o relacionamento dele com a tarefa em questão seja movido pelo medo e, com isso, ele não será totalmente engenhoso.

Ser

Confiança
"Eu não me sinto confiante sobre..."

Controle emocional
"Eu continuo perdendo a calma com..."

Mudança de comportamento
"Eu venho tentando mudar por anos, mas continuo voltando aos antigos hábitos quando estou sob pressão."

Mudança
"Isso nunca vai dar certo."

Desenvolvimento do mindset
"Eu não posso fazer isso"
"Se eu tentar fazer aquilo e errar, vou parecer estúpido."

Ser tópicos e desafios

Alguns exemplos comuns da conversa de coaching **Ser**

Figura 1-1: Ser: tópicos e desafios

- Coachees que expressam pensamentos cheios de medo: "Se eu fizer isso, então XYZ acontecerá", "Se eu cometer algum erro aqui, ninguém esquecerá" ou "Não posso errar desta vez".

- Coachees que assumem muita responsabilidade: "Eu devo" ou "Eu deveria", é uma linguagem de concessão.

- Coachees que fazem a coisa certa, porém esquecem suas próprias necessidades.

- Coachees que se julgam ou julgam outras pessoas: "Não posso fazer isso", "Eles são preguiçosos", "Eu deveria tê-los desafiado antes" ou "Não sou bom o suficiente".

Essencialmente, você notará suposições dramáticas e exageradas que obscurecem sua experiência para entender o que eles estão enfrentando.

Outra dica sobre o que eles querem dizer (não verbalmente) são os sentimentos do coachee. Se eles estão se sentindo estressados, visivelmente chateados, emocionalmente distantes ou sobrecarregados, é uma boa oportunidade para saber se a conversa "Ser" seria relevante.

Como reconhecer a mudança nesta conversa?

Na sua essência, a conversa "Ser" capacita o coachee a responder da melhor maneira possível, independentemente da situação. Será mais valiosa para um coachee que consegue identificar um padrão de comportamento que pode mudar. Seguem alguns exemplos.

- Um coachee que resolveu ouvir mais, mas fica impaciente e toma a responsabilidade para si quando está se sentindo pressionado.
- Um coachee que fica quieto e não expressa suas ideias com eficácia em reuniões com seniores.
- Um coachee que decide fazer algo, mas perde a confiança diante dos contratempos.

Em outras palavras, ao aprender a ter mais recursos, poderão mudar seu comportamento ou alcançar uma meta que, de outra forma, os ilude. Também pode ajudá-los a responder a uma situação recorrente, mas desafiadora, de uma maneira muito mais eficaz.

A Conversa Ser

Uma amostra da conversa em ação

Então, veremos a conversa "Ser" em ação. Faremos isso voltando ao estudo de caso do início deste capítulo. Como um ótimo coach poderia ajudar a profissional de marketing após sua apresentação?

Quando ela chega após a apresentação malsucedida, pede algum tipo de suporte e o coach aceita fornecer.

COACH: *Quando as coisas começaram a dar errado para você?*

COACHEE: *Bem cedo — eles estavam atrasados e, quando o CEO me viu, disse: "Estamos com pouco tempo, podemos ir mais rápido?"*

Parte Um: O estágio das Emoções

COACH: *Volte àquele momento. Como você se sentiu?*

COACHEE: *Eu me senti muito ansiosa.*

COACH: *O que você disse para si mesma naquele momento?*

COACHEE: *Eu dizia: "Tenho que fazer isso direito, senão eles continuarão me ignorando."*

COACH: *Se fosse verdade, o que a situação diria sobre você?*

COACHEE: *Diria que não sei como agir em situações de pressão.*

Parte Dois: O estágio da Verdade

COACH: *Gostaria de saber como podemos dar um passo para trás e ver as coisas com um mindset diferente, uma perspectiva diferente que possa ser mais verdadeira.*

COACHEE: *Sim.*

COACH: *Respire e se conecte a um momento em que você estava se sentindo ótima. Agora, conectada a esse momento, avalie. É verdade que você "precisa fazer isso direito?".*

COACHEE: *Provavelmente não, mas quero melhorar meu impacto no conselho.*

COACH: *Eles "ignoram" você?*

COACHEE: *Não, acho que não. Eles provavelmente não têm um forte ponto de vista, é meu trabalho moldar isso.*

COACH: *Qual é a verdade sobre a afirmação "Não sei agir em situações de pressão"?*

COACHEE: *Bem, eu nunca fui muito boa nessas situações — por exemplo, um cliente difícil — eu me concentro somente neles, não em mim e isso pode me deixar sob pressão.*

Parte Três: O estágio da Escolha Consciente

COACH: *Então, sabemos que nenhuma apresentação é tudo ou nada, que gostaria de melhorar seu impacto no conselho e que você pode ser brilhante quando está sob pressão, sobretudo quando se concentra em outra pessoa e não em você. Como poderia lidar com as próximas apresentações de uma maneira diferente?*

COACHEE: *Eu acho que poderia me concentrar neles de maneira consciente. Talvez iniciasse a apresentação com algumas perguntas para envolvê-los, exatamente como eu faria com um cliente. Aproveitaria a situação. Tiraria a pressão de mim e me comportaria como me comporto com um cliente.*

COACH: *Quando você pretende testar isso?*

COACHEE: *Tenho uma apresentação com essas mesmas pessoas na próxima semana. Vou usá-la para testar minha nova abordagem.*

Esta é a conversa "Ser" em ação. Por meio do coaching, a coachee tornou uma experiência negativa em aprendizado com uma escolha clara a ser usada em outras situações.

Desvendando a conversa em alto nível: o processo EVE

Uma citação atribuída a Carl Jung diz:

> *A pergunta mais importante que alguém pode fazer é: qual mito estou vivendo?*

Em outras palavras, através de qual janela estou olhando e vivendo?

A ferramenta para aplicar a conversa "Ser" é um processo de três etapas, que são baseadas em três princípios:

- A essência da mudança na conversa "Ser" é reconhecer que a lente através da qual nosso coachee olha determina seu estado e resposta, não os eventos externos. É uma virada fundamental de percepção — de pensar que a vida os faz se sentir mal a perceber que, na verdade, o que os faz se sentir mal é seu próprio mindset ou visão de mundo. A lente através da qual eles enxergam o mundo influencia muito sua experiência.

- Esta lente inclui pensamentos, crenças e suposições correspondentes a sentimentos e padrões fisiológicos. Nós chamamos isso de pensar consigo mesmo, vozes ou padrões de pensamentos que, quando nosso coachee não está em seu melhor momento, apresentam-se negativos, dramáticos e exagerados. Vamos chamar esse estado de "dentro da caixa". Quando "fora da caixa", a estrutura ou o mindset do nosso coachee é mais verdadeira e realista.

- O que nosso coachee fala sobre si mesmo, ou sente, molda seu comportamento e impacto. Por exemplo, quando não estão confiantes, geralmente têm pensamentos de dúvida (*não sou bom o suficiente, não sou digno*), o que os leva a sentimentos de insegurança ou timidez. Quando estão incertos, geralmente têm pensamentos de preocupação (*isso vai dar errado, algo terrível vai acontecer*) com sentimentos correspondentes de medo e ansiedade.

Para se libertar, estas três etapas do EVE são críticas:

E — Emoção. Convide o coachee a perceber o momento em que deixa de ser engenhoso, tomando consciência dos sentimentos, da fisiologia (frio na barriga, transpiração etc.) e do que pensa sobre si mesmo, que impulsionam a experiência dele. Isso é fundamental porque conscientizará seus mindsets limitadores, tornando-os conscientes. Isso permite que sua mente consciente os analise.

V — Verdade. Agora, metaforicamente, o coachee pode limpar sua janela, desafiando e abandonando o mindset limitador, e acessar um mindset mais verdadeiro e realista. Nós chamamos este mindset de realista. O que é verdade em relação às suposições dramáticas que nosso coachee acreditou? E o que elas querem?

E — Escolha. Diante disso, como eles podem responder à situação de uma maneira engenhosa?

Se bem-feita, essa é potencialmente a ferramenta mais poderosa para alterar os aspectos de comportamento e o impacto. Vamos explorar cada um deles mais profundamente e analisar as ferramentas que ajudarão no seu treinamento. Mais adiante, focaremos a desenvoltura e compartilharemos outras formas de aplicação desta conversa.

Desvendando a conversa em alto nível: insights e modelos de coaching

Primeiro passo: *Emoção* (e Pensamento)

Qual é o objetivo desta etapa?

Treiná-los para que eles possam perceber o momento em que deixam de ser engenhosos e se tornar conscientes de seus pensamentos subjacentes.

Por que é importante?

Isso é fundamental porque você está transformando pensamentos inconscientes em conscientes. Em outras palavras, o coachee está se conscientizando dos filtros das janelas através das quais eles olham. Isso permite que eles possam liberar seu mindset, permitindo que a mente consciente verifique seu pensamento sobre si mesmo no segundo passo — Verdade.

Modelos e Insights críticos

1. Dentro e fora da caixa: Tornar-se consciente das situações em que não possuem recursos (dentro da caixa) e das que possuem recursos (fora da caixa). A primeira parte da etapa E é a conscientização. A maioria

das pessoas sabe quando se encontram sem recursos. Mas o truque para dominar a conversa "Ser" é tomar consciência de *todas* as vezes que a falta de recursos aparece e, portanto, ser capaz de captar as pistas mais sutis. Por exemplo, captar uma tensão leve logo no início é muito mais eficaz do que ficar esperando o estresse se acumular.

2. Gatilhos: Facilitar a compreensão dos gatilhos — é o ponto crítico quando seu coachee entra na caixa.
3. Conversa Interna: Perceber a conversa interna, as emoções e a fisiologia dos mindsets que se encontram dentro da caixa e entender a natureza pessimista e crítica da conversa interna.

Dentro e Fora da Caixa

Imagine esta situação: é segunda de manhã, o coachee abre sua caixa de entrada de e-mails e vê um e-mail enviado por seu chefe com o título "urgente". Como eles podem responder a esse e-mail?

Resposta A: Eles se sentem ansiosos, seu coração acelera e eles pensam "Ah, não — isso vai ser ruim. O que eu fiz? O que isso significa? Este é um péssimo início de semana".

Adivinhe só, suas expectativas estarão se autocumprindo. Com esse mindset, o coachee provavelmente ficará de mal humor ou se sentirá distraído pelos colegas. Talvez sua ansiedade aparecerá em uma reunião com seu gerente, e assim a reunião começará com o pé esquerdo.

Este é o estado **dentro da caixa:** os pensamentos são dramáticos, não são sentir-se criativo ou aberto.

Resposta B: Eles se sentem imperturbáveis e se perguntam o que é importante para o gerente deles. Eles também se sentem mais curiosos e abertos. Os pensamentos são algo do tipo "Isso pode ser uma boa notícia. Me pergunto o que pode ser tão urgente e como posso apoiar".

Esse é o estado **fora da caixa:** o coachee está se sentindo aberto, curioso e vivo.

Em ambas, a situação é a mesma — mas o coachee pode responder por um mindset dentro ou fora da caixa.

Como um coachee sabe se está dentro ou fora da caixa?

Primeiramente, os sentimentos são diferentes. Está é a maneira mais fácil de descobrir em qual dos dois estados emocionais ele se encontra. Como você pode ver, os sentimentos associados aos dois são muito diferentes.

Existem algumas sutilezas nestes modelos das quais você precisa estar ciente. Se um coachee está se sentindo simplesmente muito bem, é quase improvável que ele realmente esteja fora da caixa. Eles podem estar flutuando ao longo da vida e, enquanto a tampa não estiver claramente destampando a caixa, isso significa que eles ainda se encontram dentro dela. Este é um coachee que você precisa tratar cuidadosamente. Neste estado, o coachee diminuiu suas expectativas sobre si mesmo e sobre o mundo ao seu redor. Eles nunca realmente respondem de maneira energizada com um senso de possibilidade. Nos negócios, ser uma pessoa orientada e com comportamento focado muitas vezes pode ser confundido com estar fora da caixa. O que procuramos criar aqui são aqueles momentos genuínos fora da caixa, quando o coachee se sente verdadeiramente vivo e energizado.

Intimamente ligada aos sentimentos, temos a fisiologia. Um coachee pode saber se se encontra dentro ou fora da caixa de acordo com a sua fisiologia. Quando estão na caixa, por exemplo, eles podem sentir o coração acelerado, frio na barriga ou tensão. Quando estão fora da caixa, talvez se sintam mais leves, com os músculos relaxados ou talvez sorriam.

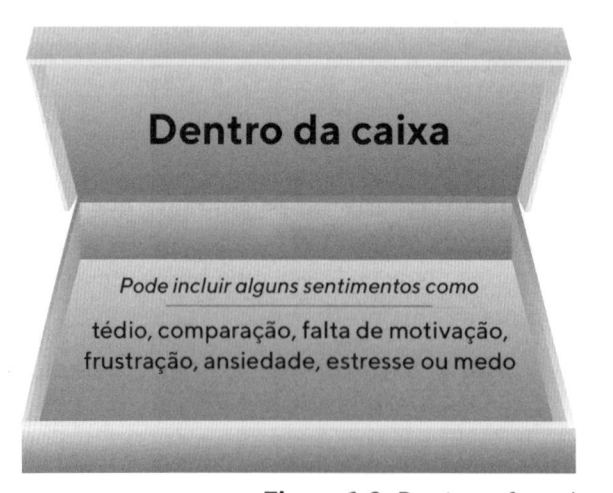

Dentro da caixa
Pode incluir alguns sentimentos como
tédio, comparação, falta de motivação, frustração, ansiedade, estresse ou medo

Fora da caixa
Pode incluir alguns sentimentos como
senso de possibilidade, energia, atenção, confiança ou clareza

Figura 1-2: Dentro e fora da caixa

Qual é o impacto de se estar na caixa?

Quando um coachee está na caixa, o impacto é grande e imediato. E, às vezes, isso afeta seu comportamento. Observe este exemplo:

> Um coachee, o Senhor Ortiz, tinha em sua equipe uma mulher que nunca pareceu interessada em tomar iniciativas. Ele percebeu que ela estava com a confiança lá embaixo, o que fazia com que seu trabalho fosse reduzido cada vez mais por líderes anteriores. Ele resolveu reconstruir sua confiança e encorajá-la gradualmente. Então a convidou para uma reunião, à qual ela acabou chegando atrasada, e suas primeiras palavras foram: "Não tenho certeza do que se trata, mas suponho que aumentará minha carga de trabalho." A frustração do Senhor Ortiz era visível — ele manteve a postura educada e respondeu: "Bem, talvez ajudaria se você não visse novas oportunidades como ameaças", e essa resposta definiu o tom para um debate inútil. Ao invés de reconstruir a confiança dela, ele acabou tendo que provar que a atitude dela era errada.

Outras vezes, porém, é fácil supor que uma pessoa possa "controlar" sua resposta. Infelizmente, este é um caso raro. Uma quantidade significativa de nossa comunicação é não verbal. De fato, quando uma pessoa está dizendo uma coisa e sentindo outra, 90% do impacto do que estão dizendo vem da comunicação não verbal (linguagem corporal) e apenas 10% de suas palavras[1]. Se um coachee estiver dentro da caixa, eles podem tentar transmitir com suas palavras que não se encontram dentro da caixa. Mas, na realidade, os sinais que eles dão mostram o contrário. Outras pessoas quase invariavelmente conseguem captar o sinal de que eles se encontram na caixa. Como resultado, liderar de dentro da caixa quase nunca tem o impacto pretendido, mesmo que eles tentem "controlar" e liderar com eficácia.

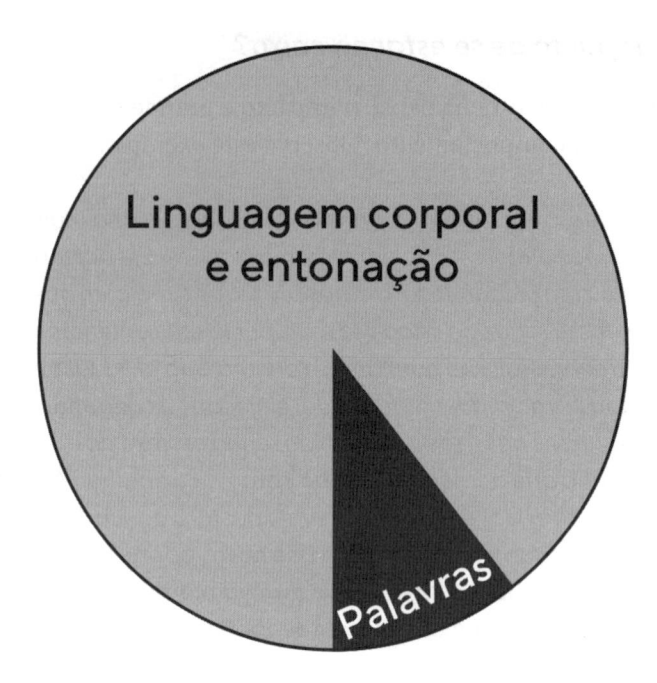

Figura 1-3: Linguagem corporal e entonação

Um coachee pode estar dentro ou fora da caixa diante de qualquer situação que enfrenta no trabalho. Na verdade, com base em nossas experiências, a maioria dos líderes experimenta uma montanha-russa de entrada e saída da caixa durante o expediente. Em um momento, eles podem estar bem e no outro podem estar para baixo. O que acontece com eles?

O Gatilho

Um gatilho é um evento ou situação que ocorre antes de a pessoa ir para dentro da caixa. Pode ser algo de grande impacto (por exemplo, más notícias) ou pequenas coisas (por exemplo, uma tarefa desagradável). O momento do gatilho é crítico — sempre que um coachee se mover de um estado para o outro, haverá um gatilho.

O importante é que, em muitas ocasiões, mesmo quando um coachee começa cheio de energia, algo acontece e o mindset ou estado dele se modifica. Ele perde o brilho e, muitas vezes, o senso de possibilidade e perspectiva. Frequentemente, o gatilho ocorre em uma fração de segundo que muda seu estado — por exemplo, receber um telefonema ou e-mail. Não é fácil perceber com que frequência o humor ou pensamentos se alteram nesses momentos, e o coachee acaba dentro da caixa.

Durante o coaching, é útil identificar esses episódios. Ajuda nossos coachees a entender o que está acontecendo dentro deles e com isso eles podem encontrar seu caminho para fora da caixa.

Em uma fração de segundo, quando são "atingidos" pelo gatilho, eles terão pensamentos (conversa interna) sobre a situação que afeta seus sentimentos e reações fisiológicas. Isso afeta a maneira como eles se comportam, o impacto que eles possuem e os resultados que serão alcançados.

Quando o gatilho ocorre e eles entram na caixa, o comportamento torna-se menos do que seu melhor. Identificar quando isso acontece é uma habilidade-chave de liderança.

O jornalista científico e escritor Daniel Goleman descreve como nossas mentes respondem de dentro da caixa. Nossa amígdala está situada em nosso lobo temporal e, entre outras coisas, é responsável por nossa resposta de luta ou fuga. Em outras palavras, quando acionada, a resposta emocional assume o controle e desliga as habilidades no córtex (o que explica por que é difícil pensar claramente quando a "janela" da percepção se encontra nublada). Esta é uma resposta evolucionária que permite que os seres humanos respondam rapidamente — sem esperar por um pensamento consciente sobre o perigo. Goleman chamou isso de "Sequestro emocional"[2]. O mindset desencadeado assumiu o controle.

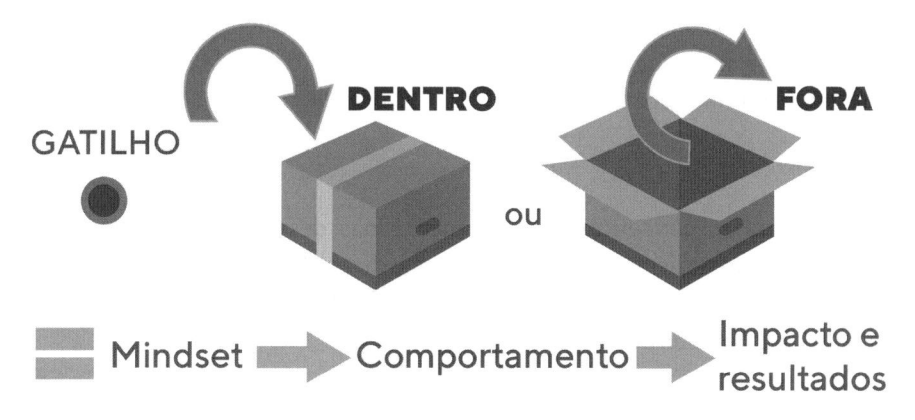

Figura 1-4: O gatilho

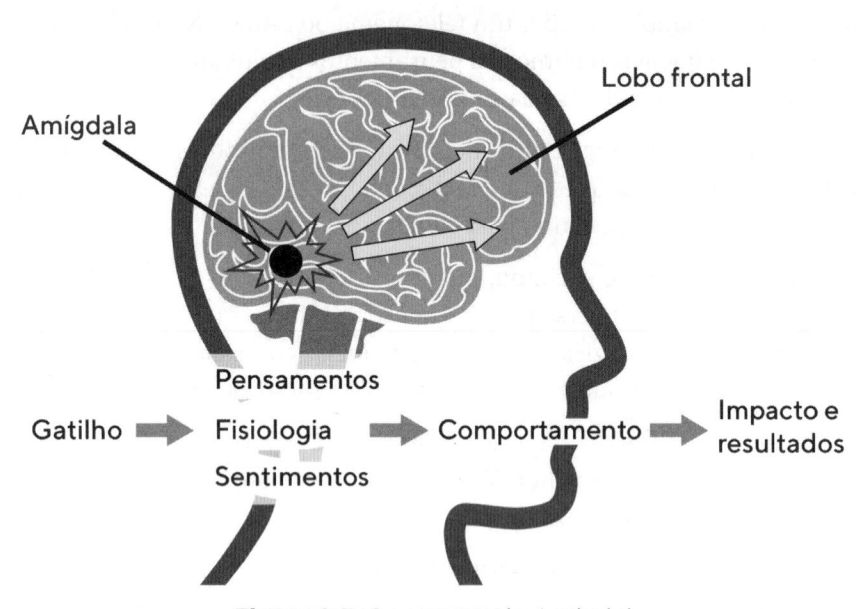

Figura 1-5: Sequestro da Amígdala

Para a maioria das pessoas, isso é raramente útil. Eles não costumam estar fisicamente em perigo, e a maioria das ameaças que as pessoas enfrentam são melhor tratadas com um engenhoso recurso fora da caixa, e não por meio de lutas, fugas etc.

Conversa Interna: O Pessimista e o Crítico

Quando um coachee presta atenção em seus pensamentos ou inicia uma conversa interna associada com o mindset dentro da caixa, provavelmente notará que há duas vozes.

O Pessimista

O pessimista se concentra imediatamente nas desvantagens de qualquer situação. O pessimista pode, por exemplo, dizer: "Nada que eu faça fará a diferença", ou começa imediatamente a ver desvantagens ou problemas associados a uma determinada situação.

Figura 1-6: O pessimista e o crítico

O pessimista pode estar presente em todas as situações.

O Crítico

O crítico faz amplos julgamentos abrangentes da situação ou das pessoas envolvidas. Às vezes, esses julgamentos são direcionados para o exterior, conforme o crítico atribui rótulos para outras pessoas ou coisas. Muito provavelmente, o crítico também julga a ele mesmo ou suas ações e também pode estar presente toda vez que estiver na caixa.

O crítico geralmente reside um pouco mais no fundo do nosso subconsciente.

Como isso foi usado pelo coach na conversa que demos como exemplo?

O coach o fez perguntando primeiramente à coachee como ela se sentia. O objetivo disso é ajudar a coachee a perceber que ela se encontra na caixa e auxiliá-la a revelar seus pensamentos e sentimentos.

COACH: *Volte àquele momento, como você se sentiu quando ele disse aquilo?*

COACHEE: *Eu me senti ansiosa.*

O coach então pediu para a coachee expressar seu pessimista e crítico interno. Então ele sondou um pouco para descobrir o grande medo que a coachee estava guardando.

COACH: *O que você disse para si mesma naquele momento?*

COACHEE: *Eu dizia: "Eu tenho que fazer isto direito. Senão eles continuarão me ignorando."*

COACH: *Se fosse verdade, o que a situação diria sobre você?*

COACHEE: *Diria que não sei como agir em situações de pressão.*

Segundo Passo: Verdade

Qual é o objetivo desta etapa?

Para o coachee limpar metaforicamente sua janela ou desafiar seu mindset. O que é verdade? O que é dramático?

Por que é importante?

A essência da mudança de mindset é distinguir a verdade do pensamento interno, o que permite que o coachee saiba identificar o que é importante na situação. Efetivamente, você está treinando-o para desafiar o mindset limitante e acessar uma abordagem mais consciente, verdadeira e realista. Isso permitirá que seu coachee veja a situação de uma maneira mais clara.

Modelos críticos e insights

O realista é a outra voz que desafia as suposições do pensamento interno pessimista e crítico. É a voz da realidade. O realista encontra a verdade ou o valor no que é mais importante em uma situação.

O Realista

O realista é a chave para sair da caixa. Isso envolve acessar o mindset do seu eu-consciente ao invés de ser surpreendido por pensamentos pessimistas e críticos. Nosso pessimista e nosso crítico são tão poderosos porque são extremamente dramáticos. O crítico tende a fazer declarações abrangentes como "Ele é preguiçoso" ou "Ela não é uma pessoa popular". O pessimista tende a ser melodramático usando declarações como "Isso não vai dar certo" ou "Eu nunca serei reconhecido".

Todas as declarações dramáticas são falsas. Isso não quer dizer que algumas pessoas não sejam preguiçosas algumas (talvez a maioria das) vezes, mas ninguém é preguiçoso toda hora. Infelizmente, nosso cérebro não consegue distinguir facilmente o dramático do real, portanto, quando você dá atenção a seus pensamentos pessimistas ou ouve seu crítico, seu cérebro acredita que essas generalizações são verdadeiras, sem questionar, e, portanto, afetam a maneira como você se sente. Suas crenças ou suposições limitadas se cumprem.

Figura 1-7: O realista

O Realista Nos Diz a Verdade

O realista é a parte do coachee capaz de dizer a verdade. Distingue o dramático da verdade. Permite que o coachee seja mais claro e honesto sobre o que está acontecendo no mundo. O realista surge quando o coachee está fora da caixa — ele vê as coisas com maior clareza e verdade, ao invés do aspecto pessimista e crítico do pensamento interno.

É importante notar que ser realista não é a mesma coisa que ter pensamento positivo. O realista percebe a verdade equilibrada.

Como isso foi usado pelo coach na conversa que demos como exemplo?

Primeiramente, a coachee foi convidada a acessar seu Realista.

COACH: *Gostaria de saber como podemos dar um passo para trás e ver as coisas com um mindset diferente, uma perspectiva diferente que possa ser mais verdadeira.*

COACHEE: *Sim.*

COACH: *Respire e se conecte a um momento em que você estava se sentindo ótima.*

Em seguida, o coach reproduziu as declarações do Pessimista e Crítico — usando as próprias palavras da coachee — e perguntou se elas eram verdadeiras.

COACH: *Agora, conectada a esse momento, avalie. É verdade que você "precisa fazer isso direito"?*

COACHEE: *Provavelmente não, mas quero melhorar meu impacto no conselho.*

COACH: *Eles "ignoram" você?*

COACHEE: *Não, acho que não. Eles provavelmente não têm um forte ponto de vista, é meu trabalho moldar isso.*

COACH: *Qual é a verdade sobre a afirmação "Não sei agir em situações de pressão"?*

COACHEE: *Bem, eu nunca fui muito boa nessas situações — por exemplo, um cliente difícil. — Eu me concentro somente neles, não em mim, e isso pode me deixar sob pressão.*

Desta forma, o coach está levantando as frases do Pessimista e do Crítico, ajudando a coachee a avaliá-las. *Qual é a verdade?* Uma vez que a coachee encontra a verdade, não precisará mais guardar seus medos e julgamentos. Isso significa que podem seguir para o próximo passo, E, de Escolha.

Terceiro Passo: *Escolha*

Qual é o objetivo desta etapa?

Para o coachee se comprometer com escolhas conscientes e avançar em direção à aprendizagem e ação.

Por que é importante?

Agora que você desafiou as suposições da mente de um coachee dentro da caixa, eles podem obter mais possibilidades e escolhas. Comprometendo-se com a ação, eles podem aplicar o aprendizado, aumentando assim a conscientização e integrando o mindset realista quando precisam.

O que é importante enquanto coach?

Garantir a escolha consciente e o comprometimento: quando nosso coachee se comprometer a realizar uma ação, é bem provável que a realize.

Escolha

O Terceiro Passo segue o Segundo. Isso se dá porque, no Segundo Passo, o coachee estabeleceu a verdade em torno da situação.

O coach pergunta efetivamente ao coachee: "Dada essa verdade, que escolha proativa você pode fazer?"

Isso é fundamental porque move o coachee da reação para a liderança. Uma escolha consciente desse tipo está no coração da desenvoltura.

Como isso foi usado pelo coach na conversa que demos como exemplo?

O coach simplesmente repetiu as verdades que foram ditas e perguntou à coachee se ela poderia fazer uma escolha durante a aplicação de seu aprendizado daqui pra frente.

> Coach: Então, sabemos que nenhuma apresentação é tudo ou nada, que você gostaria de melhorar seu impacto nas pessoas e que você pode ser brilhante quando está sob pressão, sobretudo quando se concentra em outra pessoa e não em você. Como você poderia lidar com as próximas apresentações de uma maneira diferente?
>
> Coachee: Eu acho que poderia me concentrar neles de maneira consciente. Talvez iniciasse a apresentação com algumas perguntas para envolvê-los, exatamente como eu faria com um cliente. Aproveitaria a situação. Tiraria a pressão de mim e me comportaria como me comporto com um cliente.
>
> Coach: Quando você pretende testar isso?
>
> Coachee: Tenho uma apresentação com essas mesmas pessoas na próxima semana. Vou usá-la para testar minha nova abordagem.

Aplicando a Conversa *Ser*

Aplicação em outras situações

Você pode aplicar a conversa *Ser* em vários cenários. Por exemplo:

1. Gerenciando nossa resiliência e desenvoltura

Este tem sido a essência do capítulo. A compreensão e a prática da EVE é essencial para ser resiliente e engenhoso — superando mindsets limitantes, é possível treinar outras pessoas para se recuperarem melhor dos gatilhos que a vida oferece e transformando-os em oportunidades de aprendizado e novas escolhas.

2. Estresse

Em nosso mundo cada vez mais rápido, cada vez mais empresas estão investindo no desenvolvimento de resiliência de sua força de trabalho e cultura. Resiliência é a capacidade de se recuperar, cultivar uma perspectiva positiva, enfrentar e renascer diante das dificuldades. Não ser resiliente leva a um aumento do estresse.

A conversa "Ser" tem como objetivo ajudar outras pessoas com o estresse que elas enfrentam. O estresse é inicialmente uma resposta física, em que o corpo pensa que está sob ataque e responde com luta, fuga ou paralisação. Os seres humanos não teriam sobrevivido sem ele. É uma resposta muito útil para situações em que há ameaça ou perigo real. O corpo libera hormônios e substâncias químicas como adrenalina, cortisol e noradrenalina para se preparar para a ação. Estas substâncias provocam várias reações como a aceleração da frequência cardíaca e a diminuição de certas funções, desviando o sangue para músculos importantes.

No entanto, o corpo ainda pode encontrar uma resposta para o estresse mesmo em situações que não exigem isso. A conversa "Ser" fala exatamente sobre isso — e aborda como mudar o mindset em resposta a essas situações que parecem causar estresse.

Há boas e más notícias. A má notícia é que o ambiente de trabalho continuará a ter seus altos e baixos, e a boa notícia é que os coachees ainda podem escolher sua resposta, entendendo o caminho que escolheram e como se relaciona com sua experiência.

A metáfora da janela no início do capítulo descreve bem o conceito — a percepção do coachee é a "janela" ou a lente através da qual eles olham para suas experiências. Mude a lente e a experiência também mudará, permitindo que eles acessem novas escolhas.

3. Confiança

Quando alguém está com pouca confiança, há uma correlação direta com suas dúvidas e suposições críticas do Crítico e Pessimista. Você pode treiná-

-los executando as etapas do EVE para se tornar ciente e soltar a voz crítica ou duvidosa que alimenta a insegurança e a incerteza (Primeira Etapa). Em seguida, você pode treiná-los para que possam se conectar com o Realista tirando força de uma época em que se sentiam confiantes ou compassivos consigo mesmo (pesquisas recentes mostraram que a autocompaixão nos leva a uma maior autoestima)[3]. Isso permite que as pessoas digam a verdade sobre as vozes exageradamente críticas e duvidosas (Segundo Passo). Finalmente, você pode treiná-los a fazer escolhas conscientes e aplicar o que aprenderam quando o pensamento interno negativo autoanálise é ativado (Terceiro Passo).

4. Gerenciando explosões emocionais

Quando um colega se encontra no fundo do poço, é útil passar mais tempo na etapa "E". Você lhe dá espaço para desabafar e liberar suas emoções no primeiro passo. Uma dica útil: quando alguém se encontra no fundo do poço, nós os convidamos para conversar, e racionalizar mais seus pensamentos pode ajudá-los a se reequilibrar. Da mesma forma, pessoas que sabem que estão no fundo do poço podem encontrar algum equilíbrio quando se conectam com seus sentimentos.

5. Presença de liderança

A qualidade da presença é importante para os líderes. O oposto da palavra *presença* é *ausência*. Às vezes, quando as situações ficam difíceis, as pessoas se retiram ou fogem (às vezes brigam). De qualquer maneira, o *eu* consciente não está presente e conectado no momento. Estão "no mundo da lua" com seu pensamento interno. Ao trabalhar com o EVE, a pessoa pode encarar e ficar presente com seus sentimentos. Elas podem trabalhar durante o processo para que ainda estejam disponíveis, conectados e contribuindo — estão presentes com consciência e mindset verdadeiros, ao invés de perdidos em mindsets limitantes.

6. Mudança de comportamento

Quando alguém está tentando mudar comportamentos específicos e difíceis, o maior obstáculo pode ser o mindset anterior. Com qualquer novo comportamento, a pessoa precisa abandonar o mindset que conduz o comportamento antigo e adotar um novo modo de pensar para desbloquear um novo comportamento. Então nós podemos usar o EVE para analisar o comportamento que eles querem mudar e explorar o gatilho quando o antigo for ativado. Ao olhar para o pensamento interno e desafiá-lo com o mindset do Realista, eles podem começar a abandonar o mindset que guia o comportamento antigo e o substituir por um mais saudável, que impulsione o novo comportamento. Por exemplo, um coachee pode querer ir à academia três vezes por semana — novo comportamento. O comportamento antigo pode ser voltar para casa, guardar a chave e ligar a TV. O mindset que está motivando isso pode ser: "Eu preciso relaxar, assistir à TV me ajuda a relaxar. Se eu não assisto à TV, não consigo o espaço de que preciso." Claramente, existem suposições que não são verdadeiras da perspectiva ou do mindset do Realista. Exercitar-se é muito mais eficaz no relaxamento do que assistir à TV. Enquanto se envolvem com seu mindset do Realista, podem desafiar o pensamento interno no momento do gatilho e com isso envolver-se e abraçar a verdade de que "Eu realmente me sinto bem ao me exercitar — mais saudável, em melhor forma, mais energizado". Esse é o novo mindset. Eles podem experimentar o novo comportamento, aplicando esse novo mindset conscientemente, até que o novo comportamento seja integrado.

7. Prevenção de situações potencialmente difíceis

Pode ser útil preparar nossos coachees para possíveis gatilhos. Como? Adotando o Realista e não se deixando levar pelas emoções que surgem. Por exemplo, um coachee pode ter uma reunião ou apresentação importante com pontos de gatilho. Ao passar um tempo se preparando e se conectando com seu Realista com antecedência, eles podem salvar-se do sofrimento de entrar na caixa.

Veja um exemplo:

COACH: *Imagine-se em um palco. Você olha para as pessoas. O que você está sentindo?*

COACHEE: *Nervoso. Me sinto apertado e meu coração está acelerado.*

COACH: *E o que você está dizendo para si mesmo?*

COACHEE: *"Eles não vão se interessar pelo que tenho a dizer", "Vou estragar tudo", "Não sou tão bom quanto o apresentador anterior".*

COACH: *Ok, respire. É verdade que o público não vai se interessar pelo que você tem a dizer?*

COACHEE: *Não. Bem, na verdade, na minha opinião, o que tenho a dizer para eles é muito importante.*

COACH: *E você vai estragar tudo?*

COACHEE: *Eu não sei neste palco. Mas eu sei que posso entregar essa mensagem muito bem.*

COACH: *Ok — dado que você sabe que essa mensagem é importante e que você pode entregá-la muito bem, que escolha pode fazer antes de entrar no palco?*

COACHEE: *Posso me concentrar na mensagem e em como ela é importante. Quando faço isso, me sinto confiante e animado.*

8. Sono e recuperação

Mentes hiperativas têm um impacto direto na capacidade das pessoas de se recuperar e descansar. A conversa "Ser" é uma ferramenta poderosa para ajudar os coachees a recuperar um estado de relaxamento porque 1) você conscientemente dá voz ao pensamento interno e espaço consciente aos sentimentos e 2) você os acalma por meio do Realista deles, deixando-os em um estado mais pacífico. Em um nível pessoal, você poderia tentar fazer isso utilizando o EVE antes de ir para a cama, para trabalhar com qualquer sentimento e conversa interior associados a estar dentro da caixa durante o dia.

O Impacto nos negócios

Pesquisas apontam que nossos estados internos contribuem diretamente para nosso desempenho. Por exemplo, um estudo da Harvard baseado em 26 equipes de sete empresas descobriu que pessoas felizes internamente têm um impacto positivo na criatividade e na produtividade, bem como na percepção dos colegas. Essa teoria é reforçada pelo professor Frank Bond da

Universidade de Londres e por outros, o que mostra que a agilidade emocional da conversa "Ser" pode ajudar as pessoas a aliviar o estresse, reduzir erros, tornar-se mais inovadores e melhorar o desempenho no trabalho.[4]

Pesquisas realizadas pela *meQuilibrium* mostram algumas descobertas surpreendentes. Por exemplo, olhando apenas a rotatividade de funcionários, aqueles com baixa resiliência estão mais propensos a desistir do que aqueles que possuírem grande resiliência nos próximos seis meses — o que claramente tem grande impacto nos negócios financeiros, pois existe um custo significativo para substituir funcionários em uma empresa. Outros dados igualmente interessantes nesta pesquisa mostram o impacto no bem-estar e na eficácia: pessoas resilientes são menos propensas a ter baixo desempenho em empresas.[5]

Praticando e aplicando em si mesmo

Pense em uma situação na qual a conversa *Ser* será útil. Talvez você tenha entrado na caixa, perdido sua confiança ou se encontrado em uma situação difícil. Veja se consegue encontrar o exato momento em que seu estado mudou significativamente (isso pode exigir que você volte no tempo e tente descobrir em que momento mudou de um estado para o outro).

1. Primeiro Passo: Emoções (e conversa interna)

Volte ao evento que desencadeou o gatilho:

- Qual é o gatilho específico?
- Como você está se sentindo no momento do gatilho?
- Quais são a sua linguagem corporal e respostas fisiológicas dentro da caixa?
- Qual é a sua conversa interna? O que seu Pessimista e Crítico estão dizendo?
- Se essa afirmação for verdadeira, então...?
- O que isso significa sobre você?

Nesta etapa, você está se conscientizando de suas reações e conversas internas em resposta ao evento que acionou o gatilho.

Agora respire fundo uma ou duas vezes. Respire, liberte, relaxe.

2. Segundo Passo: Verdade

Agora, dedique um tempo para imaginar um momento em que você estava fora da caixa. Imagine-se lá agora:

- Como você se sente?
- Reveja algumas declarações da conversa interna, uma de cada vez, e responda: Qual é a verdade sobre aquela afirmação agora?
- O que é importante para você aqui?

Nesta etapa, você está se conectando com o Realista e desafiando a sua conversa interna que mantém você em seu antigo mindset.

Agora respire fundo uma ou duas vezes. Respire, liberte, relaxe.

3. Terceiro Passo: Escolhas Conscientes

- Quais escolhas chegam até você agora?
- Quais são suas opções?
- O que você pode fazer de diferente nesta situação ou se esta situação ocorrer novamente?
- Como você pode usar esta ferramenta no futuro?
- Com qual ação você se compromete?
- O que você aprendeu?

A chave desta etapa é agir sobre a mudança de mindset. Fazendo escolhas conscientes e comprometidas com as ações, você se dá a melhor chance possível de crescimento e mudança.

Agora respire fundo uma ou duas vezes. Respire, liberte, relaxe.

Observe a importância da respiração: a pesquisa feita pelo Dr. Jose Herrero em colaboração com o Dr. Ashesh Mehta, um renomado neurocirurgião, mostra que o controle voluntário da respiração oferece mais acesso e integração às diferentes partes do nosso cérebro. Isso pode levar a uma maior tranquilidade e controle emocional. A respiração profunda literalmente "muda sua mente".[6]

Aplicando no coaching: outras grandes questões de coaching

Você pode usar as perguntas anteriores em suas sessões de coaching. Veja mais algumas.

1. Coaching no estágio E

- Qual foi o gatilho — o incidente exato que provocou sua reação (por exemplo, palavras que foram ditas pessoalmente ou e-mail, uma ação ou comportamento de alguém)? Quanto mais factual pudermos ser sobre o gatilho, mais facilmente veremos as interpretações do que sobrepomos.
- Qual é o custo de entrar na caixa — em você, em outras pessoas, em seu trabalho?
- Essa é uma reação padrão a este tipo de gatilho?
- O que os outros podem vê-lo fazendo quando o gatilho é acionado?
- Quais são os indícios de que você se encontra na caixa?
- Se (adicionar declaração) for verdadeira, o que isso significa ou diz sobre você? (Isso ajudará a descobrir as camadas do pensamento interno.)

2. Coaching no estágio V

- Reproduza com as palavras de seu coachee as declarações do Pessimista e do Crítico. Pergunte durante cada afirmação: "Isso é realmente verdade?" e "Qual é a verdade sobre isso?".
- Esteja preparado para continuar perguntando "Isso é realmente verdade?" Seu coachee talvez precise lutar com essa pergunta.
- O que é importante para você aqui?
- Quais outras possíveis perspectivas poderiam ser verdadeiras?

3. Coaching no estágio E

Reproduza as afirmações verdadeiras que você coletou no estágio V. Em seguida, aplique estas questões:

- Diante disso, qual escolha você gostaria de fazer?
- Como você reagirá de maneira diferente diante da situação?
- Se pudesse ser realmente criativo, quais outras opções possui agora?
- Como você reagirá de forma diferente em situações semelhantes no futuro?
- O que você aprendeu sobre si mesmo?
- Em quais tipos de gatilho você pode aplicar seus aprendizados e insights?
- Como esse processo o beneficiará em sua liderança e na realização de seus objetivos?

Dicas e sugestões para mudar de dentro da caixa para fora dela

Se o processo EVE não der certo, veja outras maneiras pelas quais as pessoas podem se tornar mais engenhosas.

Físico Nossos sentimentos ocorrem em nosso corpo, então, mudanças físicas podem ajudar a mudar nosso estado.	• Faça uma pausa/desacelere/conte até 10/ respire fundo algumas vezes. • Mude seu estado físico/ seja ativo (o exercício é uma ótima maneira de mudar de estado, mas um simples movimento físico pode ajudar). • Cuide de si mesmo fisicamente (com dietas, exercícios, descanso), especialmente durante momentos de alta demanda. Temos uma chance muito maior de cairmos em gatilhos quando estamos cansados, letárgicos, nutricionalmente desequilibrados e sobrecarregados.
Foco Muitas vezes, gastar nosso tempo buscando clareza sobre o que buscamos (ao invés de nossos medos) nos ajuda a redescobrir nossa perspectiva.	• Lembre-se do seu propósito – Do que esta situação realmente precisa? • Lembre-se do que é realmente importante. Quais valores você gostaria de expressar aqui?
Pessoas Você pode apenas ouvir uma coisa de cada vez – ou seu pensamento interno ou outras pessoas. Concentrar-se nos outros também pode restaurar o equilíbrio.	• Coloque-se no lugar de outras pessoas. Comece ouvindo os outros; os "veja" e os "ouça" completamente. Repita o que você ouve, fique curioso sobre a origem do que ouviu.
Pensamentos Esse é o conjunto mais poderoso de ferramentas, pois mudam a causa raiz (nosso pensamento interior).	• Comece a perceber seus padrões. Quais são os tipos de situações/ eventos que te colocam dentro da caixa? Quais temas você percebe?

Resumo

Esta conversa:

- É ótima quando alguém está se sentindo sem confiança, para baixo ou sem recursos.
- É útil para superar a ida para a "caixa" e encontrar o melhor e mais engenhoso eu na liderança quando mais precisam.
- Envolve três etapas principais:
  - Emoções (e pensamento interno)

    Trata-se de reconhecer a lente através da qual o coachee vê — a lente compreende seu pensamento interno, com os sentimentos e as reações fisiológicas correspondentes. Descobrir o pensamento interno nos permite ver quais suposições estão dentro do mindset de estar na caixa quando o gatilho é acionado.

  - Verdade

    Uma vez que nos conscientizamos sobre o que está acontecendo quando estamos na caixa, esta etapa é sobre o Realista desafiar o pensamento interno. A mudança de mindset aqui tem a ver com enxergar a verdade em detrimento das suposições, liberando o coachee da prisão de dentro da caixa.

  - Escolha Consciente

    O coachee agora pode aplicar sua mudança de mindset para fazer escolhas conscientes sobre o que fará daqui pra frente.

Por meio da prática consciente, o coachee pode reduzir a sensibilidade diante dos gatilhos que frequentemente aparecem em sua vida e trabalho.

Capítulo **2**

Relacionar

ENTENDENDO E IDENTIFICANDO A CONVERSA

- Introdução
- Quando podemos usar esta conversa?
- O que o coachee pode dizer?
- Como reconhecer a mudança nesta conversa?

A CONVERSA *RELACIONAR*

- Uma amostra da conversa em ação
- Desvendando a conversa em alto nível: o processo *Veja–Ouça–Fale*
- Desvendando a conversa em alto nível: insights e modelos de coaching:
  - Primeiro Passo: *Veja*
  - Segundo Passo: *Ouça*
  - Terceiro Passo: *Fale*

> APLICANDO A CONVERSA *RELACIONAR*
>   Aplicação em outras situações
>   O impacto nos negócios
>   Praticando e aplicando em si mesmo
>   Aplicando no coaching: outras grandes questões de coaching
> RESUMO

Entendendo e Identificando a Conversa

Introdução

Quando alguém precisa criar confiança ou conexão com outras pessoas

Na Introdução, demos o seguinte exemplo:

> Imagine que você lidera uma equipe de vendas, e um dos seus principais executivos de vendas vem tentando fechar um acordo. Todos os principais tomadores de decisão estão de acordo, exceto o diretor financeiro. "Eu tentei de tudo", desabafa o funcionário. "Mas ele é tão mesquinho. Só pensa nos custos! O que posso fazer?"

Como você responde? Como pode treiná-lo para aprender com essa situação e encontrar uma nova maneira de influenciar o diretor financeiro?

Neste capítulo, exploraremos a resposta. E, ao fazer isso, exploraremos o que possivelmente é a conversa mais comum do coaching.

Considere esta história, uma conversa por rádio em alto-mar durante a noite:

OPERADOR DE RÁDIO 1:	*Operador de rádio 2, estamos indo em sua direção, avistamos você no nosso radar. Pedimos que se mova 15 graus ao norte, para evitar a colisão. Por favor, responda, câmbio.*
OPERADOR DE RÁDIO 2:	*Não podemos fazer isso e solicitamos que você mova seu navio, câmbio.*
OPERADOR DE RÁDIO 1:	*(tom de voz mais alto) Pedimos que você mova seu navio 15 graus ao norte, agora. Câmbio.*
OPERADOR DE RÁDIO 2:	*Vamos repetir, não podemos fazer isso e solicitamos que você mova seu navio, câmbio.*
OPERADOR DE RÁDIO 1:	*EXIGIMOS QUE VOCÊ MUDE SUA DIREÇÃO IMEDIATAMENTE, CÂMBIO.*
OPERADOR DE RÁDIO 2:	*Somos um farol, você quem sabe. Câmbio e desligo.*

Nesta história, vemos o operador 1 falando cada vez mais alto para direcionar e influenciar a mudança no operador 2, quando simplesmente tentar entender a outra pessoa teria revelado o motivo por que era impossível o pedido. Então uma solução viável poderia ser encontrada. Quantas vezes você já presenciou isso no ambiente de trabalho? Muitas vezes os líderes tentam direcionar e influenciar os outros e se exaltam, ao invés de procurar entender e buscar uma solução que beneficie a todos.

A conversa *Relacionar* é sobre esse tipo de situação — e muito mais. É sobre treinar as pessoas, para que elas possam abandonar suas próprias suposições a respeito de outras pessoas e encontrar a melhor maneira de lidar com os outros por meio de empatia e relacionamento. *O mindset muda de "apenas" minha visão para ter empatia e abraçar a opinião dos outros.*

Ao dominar esta conversa, você será capaz de ajudar outras pessoas a melhorar a relação com seus gerentes, a transmissão de mensagens difíceis ou a tornarem-se mais influentes — conquistando corações e mentes.

Vejamos outro exemplo que se assemelha à metáfora do farol. Um líder estava encarregado da estratégia de entrega de um novo produto para o mercado. A equipe de produção estava tentando explicar que o prazo de entrega estipulado não era realista. Em vez de ouvir os motivos, o líder ficou sem paciência e disparou e-mails para os líderes seniores dizendo que essa abordagem não funcionaria, dado o compromisso com o cliente. Apesar de as relações terem ficado tensas dentro da empresa, o impacto mais amplo foi que a equipe de produção entregou um produto de baixa qualidade, que não atendia a necessidade do cliente.

Isso pode ser comum, principalmente nos ambientes de alta pressão frequentemente encontrados hoje em dia. Muitas pessoas não conseguem encontrar um tempo para parar e ouvir, para descobrir qual é o real problema, nem para compartilhar suas necessidades com clareza. O resultado disso é mais estresse e tensão em seus relacionamentos.

Por meio do coaching, o líder começou a reconhecer e a ouvir as equipes de produção, cujos membros sentiram que não tinham recursos suficientes para cumprir a linha do tempo de produção que lhe foi proposta. Depois de ouvir, o líder continuou explicando a importância de cumprir os requisitos — e que isto era algo que impactaria significativamente a produção e poderia fornecer uma nova de linha de produtos neste mercado competitivo. Agora que ele e sua equipe conseguiram se entender, puderam encontrar uma solução em que todos estivessem alinhados: correr o risco e investir em novas máquinas para acelerar o processo de produção. O impacto foi um melhor resultado para todos, com relacionamentos intactos. Na verdade, os relacionamentos se fortaleceram.

Hoje em dia, as empresas operam de maneira mais global e interconectada do que antes e a necessidade de influenciar e trabalhar bem são cada vez mais importantes. Muitas vezes, há desafios adicionais devido às diferenças culturais. Há muitos casos em que nossa organização é chamada para dar suporte a líderes que trabalham com pessoas de diferentes culturas, porque existe uma falta de habilidade em trabalhar com diversidade. Ouvimos histórias de líderes expatriados que forçam seu estilo a uma nova cultura, julgando as diferenças e criando ambientes de trabalho antagônicos. Esta conversa é excelente para entender, respeitar e abraçar novas culturas.

Quando podemos usar esta conversa?

Obviamente, os tópicos da conversa *Relacionar* são sobre pessoas — e a eficácia do seu coachee em lidar com elas. Frequentemente, é possível reconhecer a necessidade da conversa *Relacionar* se seu coachee está tendo dificuldades para lidar com indivíduos ou grupos, ou certas interação não estão dando certo.

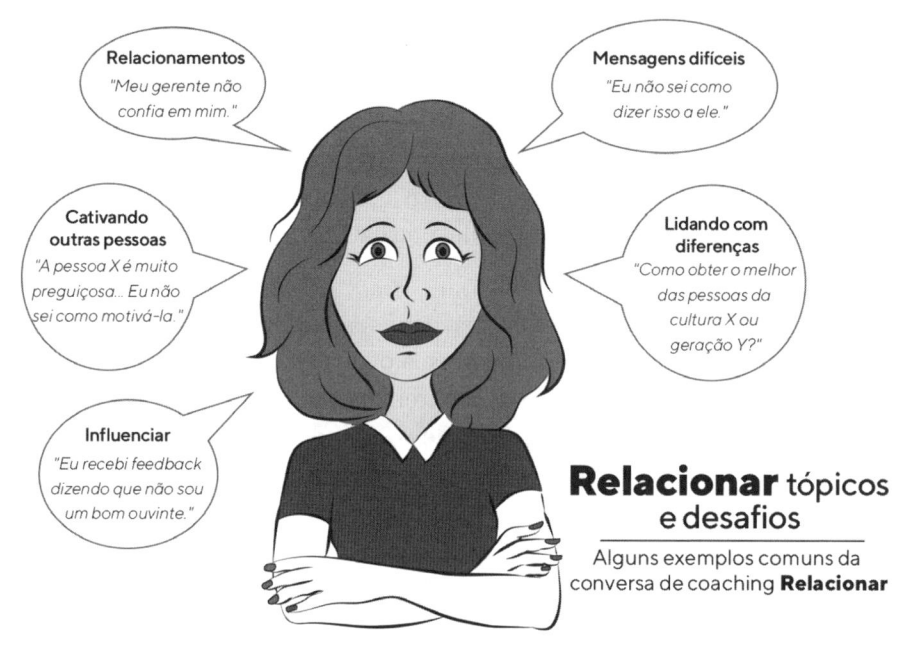

Figura 2-1: Relacionar: tópicos e desafios

Veja alguns exemplos comuns.

O que o coachee pode dizer?

Para a mudança *Relacionar*, você deve prestar atenção no seguinte:

- Falta de empatia. Eles são totalmente capazes de se colocar no lugar dos outros?
- Suposições sobre o que os outros pensarão: "Se eu tiver uma conversa difícil, eles ficarão chateados."

- Falta de curiosidade sobre outras pessoas. Pressupostos sobre o que os outros precisam ou como tratá-los.
- Mal-entendidos, fortes reações emocionais ou frustração com outras pessoas expressadas em voz alta. "Meu gerente não quer saber de mim", "Eles são irritantes" ou "Ele não dá a mínima para meus projetos".

Como reconhecer a mudança nesta conversa?

A mudança na conversa "Relacionar" tem tudo a ver com empatia. Pode ser que seu coachee seja mais flexível em sua resposta se puder entrar no mundo de outras pessoas e ver o que realmente importa para elas. Isso desbloqueará novas possibilidades com o indivíduo ou grupo com os quais ele tem problemas e abrirá um leque mais amplo de alternativas para lidar com todos os indivíduos.

Procure situações em que seu coachee está tendo problemas para se conectar, influenciar ou envolver uma pessoa ou grupo. Esses serão momentos de "grande aprendizado" que — se você treinar com essa conversa em mente — pode desbloquear um novo insight de como lidar com outras pessoas de maneira mais flexível na vida.

A Conversa *Relacionar*

Uma amostra da conversa em ação

Primeiramente, examinaremos a conversa Relacionar no contexto de influenciar ou levar pessoas com você, pois isso é importante hoje em dia. Mais tarde, mostraremos como a conversa *Relacionar* é aplicada em diversos contextos do mercado de trabalho nos quais nos relacionamos com outras pessoas — tal como treiná-las, ter ótimas conversas e trabalhar com conflitos.

Então, vamos ver a conversa *Relacionar* na íntegra. E, como na conversa "Ser", faremos isso voltando ao estudo de caso que apresentamos na Introdução e no início deste capítulo. Como um ótimo coach pode ajudar o executivo de vendas a lidar com o diretor financeiro?

Quando o executivo de vendas fica frustrado com a resposta que recebe do diretor financeiro, o coach diz: "Isso parece frustrante. Do que você precisa?"

O executivo de vendas responde: "Preciso encontrar uma maneira de trazer o diretor financeiro para o meu lado."

O coach concorda em apoiá-lo com seu objetivo.

Parte Um: Veja

COACH: *Pense na última reunião da qual você participou, como se você estivesse lá. Você se lembra do comportamento dele?*

COACHEE: *Ele está sentado atrás de sua mesa, com uma pilha de papéis em cima dela. Ele é cauteloso ao responder perguntas e fica desafiando os custos.*

COACH: *E como você responde? Que sentimentos emergem?*

COACHEE: *Fico frustrado. Eu começo a me dizer que ele é apenas um cara fechado.*

COACH: *Como você acha que isso afeta seu comportamento?*

COACHEE: *Eu me inclino para frente para tentar deixar minha opinião mais clara possível.*

COACH: *Ok, agora vamos ver a situação do ponto de vista do diretor. Coloque-se no lugar dele. Você está olhando para um executivo de vendas que se encontra inclinado para frente tentando mostrar sua opinião com mais clareza. O que está sentindo? O que está dizendo a si mesmo?*

COACHEE: *(Falando como se fosse o diretor financeiro): Eu me sinto intimidado. Me fecho. Acho que este cara está querendo muito me pressionar.*

COACH: *Como você responderá? Ainda como se fosse o diretor financeiro.*

COACHEE: *Eu me fecho completamente. Tento tirá-lo da minha sala o mais rápido possível. Aliás, isso realmente aconteceu.*

Coach: *Agora, imagine-se como uma testemunha sábia, que se encontra olhando para o diretor financeiro e para o executivo de vendas. O que você percebe? Qual conselho você daria?*

Coachee: *Posso ver claramente. A frustração do executivo de vendas está fazendo com que ele se esforce mais, o que faz com que o diretor financeiro recue. O executivo de vendas deveria ir mais devagar, parar de pressionar. Ele deveria pedir ao diretor financeiro para dizer quais são suas preocupações.*

Parte Dois: Ouça

Coach: *Ótimo. Agora usando esse insight no mundo do diretor financeiro, como você pode fazer ele sentir que foi ouvido?*

Coachee: *Continuarei abordando sua preocupação. Continuarei perguntando se ele quer falar mais alguma coisa.*

Coach: *Mais alguma coisa que você gostaria de tentar? Como você poderia escutar mais profundamente, agora que está aberto a ver o mundo dele?*

Coachee: *Posso tentar ouvir os sentimentos por trás das preocupações para que eu possa entendê-las mais profundamente, e, assim, abordá-las, se for necessário.*

Parte Três: Fale

Coach: *Obviamente, você não saberá como comunicar sua proposta de maneira diferente até que o ouça. Mas o que você pensa sobre isso?*

Coachee: *Vou esperar. Mas, enquanto penso nisso, acho que posso pensar em como mudar a apresentação para falar mais claramente sobre as preocupações financeiras dele. Eu realmente entendo por que isso é importante para ele, e preciso abordar isso.*

Ao usar a conversa *Relacionar*, o vendedor executivo encontrou uma nova maneira de interagir com um crítico contato de vendas. Mais do que isso, o coachee tem uma nova maneira de pensar que o ajudará a encontrar uma nova maneira de se envolver com uma pessoa que ele acha que é desafiadora.

Desvendando a conversa em alto nível: o processo *Veja-Ouça-Fale*

Então, o que aconteceu aqui? A conversa *Relacionar* se baseia em uma simples metáfora. A que nós usamos se chama *Veja–Ouça–Fale*, ou os três macacos.

Tradicionalmente, os três macacos são desenhados sentados lado a lado. O da esquerda cobre os olhos (significa "Não veja o mal"), o do meio cobre seus ouvidos (significa "Não ouça o mal") e o da direita cobre a boca (significa "Não fale o mal").

A ordem dos macacos fornece uma rota para influenciar e levar pessoas com você. Quando praticada da forma correta, é extremamente simples, mas incrivelmente poderosa. O truque é seguir os passos sucessivamente e não seguir para o próximo até que seu antecessor tenha sido completado.

Veja   Ouça   Fale

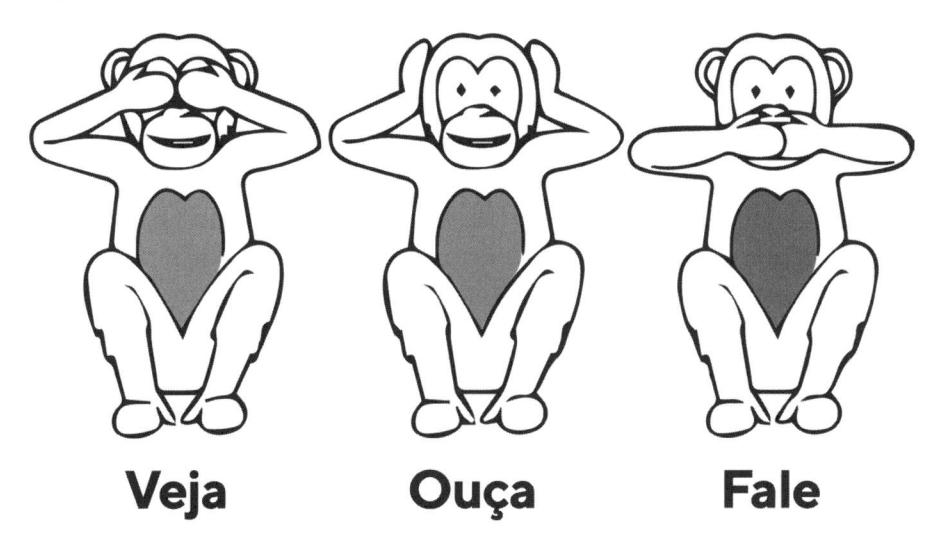

Figura 2-2: Veja-Ouça-Fale

Então, quais são os três passos?

Primeiro Passo: *Veja*

O primeiro macaco, ou passo, tem a ver com informar as pessoas que elas são vistas. Trata-se de quebrar barreiras, criar confiança e desenvolver respeito mútuo. Quando alguém se sente "visto", acaba falando abertamente. Qualquer atitude defensiva ou suspeita desaparecerá. Eles se sentirão mais confortáveis para falar sobre problemas específicos naquele momento.

Na conversa que usamos como exemplo, vimos o coach começando a treinar o executivo de vendas para "ver" e entrar no mundo do diretor financeiro.

Para realmente ver e entender a essência do *Relacionar*, é necessário começar com o insight de que todo ser humano possui uma necessidade fundamental de ser visto. Isso significa que, na maioria das vezes, a verdadeira empatia é a chave. A verdadeira empatia nada mais é que entender que outras pessoas vivem em mundos muito diferentes do nosso, e experimentar sua realidade.

Pesquisas confirmam isso. Por exemplo, o *Center for Creative Leadership* analisou dados de mais de 6 mil gerentes de 38 países. Eles descobriram que a empatia dos gerentes está positivamente relacionada ao desempenho no trabalho.[1]

Ryszard Praszkier, pesquisador da Universidade da Varsóvia, explica que a empatia ativa a rede do "neurônio espelho" e que existe um processo de "sincronização" entre cérebros e indivíduos.[2] Isso explica por que choramos ao assistir a um filme triste — você acaba criando empatia por um dos personagens e seu cérebro acaba sendo sincronizado com ele. Como Praszkier observou, quando você está espelhando alguém, os dois conseguem "ver e experimentar o mundo através dos olhos um do outro". Isso eleva o nível de confiança e abertura, e ambas as partes ficam confortáveis compartilhando mais coisas sobre o que realmente estão pensando.

Muito embora querer ser visto seja uma necessidade natural dos seres humanos, infelizmente nem sempre é natural "vê-los". Mesmo com as melhores intenções, a maioria das pessoas acaba aprendendo regras para lidar com outras pessoas: "O feedback pode magoar, então faça-o com delicadeza" ou "Sempre trate as pessoas como gostaria de ser tratado" e por aí vai. Colocar-se no lugar de outras pessoas geralmente acaba com esses mitos. Como resultado, trata-se de poder se comunicar de forma mais eficaz com base na realidade do indivíduo que se encontra à sua frente. Isso permite que as conversas mais desafiadoras aconteçam de forma produtiva.

Segundo Passo: *Ouça*

O Segundo Passo é garantir que a pessoa sinta que foi ouvida. Não se trata somente de ouvir. O coachee pode ter ouvido com muita atenção, mas se a outra pessoa não acredita que o coachee entendeu, isso terá pouco ou nenhum efeito. Para que o *Ouça* aconteça, a outra pessoa precisa acreditar que suas contribuições estão sendo ouvidas e valorizadas pelo coachee.

Na conversa que usamos como exemplo, o coach perguntou explicitamente ao executivo de vendas (coachee) como eles poderiam ouvir o diretor financeiro de uma maneira que ele se sentisse ouvido.

Terceiro Passo: *Fale*

O terceiro macaco, ou passo, é comunicar exatamente o que o coachee deseja de uma maneira mais clara, exata e sem confrontos.

Essa foi a última pergunta feito pelo coach, com o objetivo de ajudar o executivo de vendas a pensar em como transmitir sua mensagem de uma maneira que expresse o que é importante para todos os envolvidos, permitindo que a situação avance de maneira produtiva.

A Sequência dos Macacos

É muito fácil falar sobre essa sequência, mas é notoriamente difícil de colocar em prática. É provável que você e seu coachee, como a maioria das pessoas, tenham uma tendência a mudar para o "Fale" muito cedo. Ou eles já iniciam lá e criam a seguinte dinâmica: dizem o que pensam, depois a outra pessoa diz o que pensa; então o coachee diz sua opinião novamente (talvez com algum argumento inteligente adicionado), e o outro contesta (talvez com uma reposta inteligente); e assim por diante. Ou o coachee tenta ouvir primeiro, mas não tem o rigor de esperar até que o obstáculo seja atingido, e a mensagem perde seu benefício.

Em muitas ocasiões, o coachee pode precisar contornar o loop. Afinal, a outra pessoa pode ainda não concordar com ele, mas é importante manter o ciclo se repetindo. O coachee pode notar a resposta da outra pessoa (*Veja*), reservar um tempo para ouvir suas objeções e sua perspectiva (*Ouça*) e, potencialmente, explicar suas propostas à luz disso (*Fale*). O importante é manter o ciclo vivo: *Veja–Ouça–Fale* e assim por diante.

Exploraremos cada passo mais detalhadamente.

Desvendando a conversa em alto nível: insights e modelos de coaching

Primeiro Passo:
Veja — Coloque-se no lugar da outra pessoa

Qual é o objetivo desta etapa?

Convidar o coachee a conhecer a outra pessoa e seu mundo.

Por que é importante?

Ver cria confiança, segurança e conexão. Geralmente, quando nosso coachee não está vendo o outro, é porque possui seus próprios julgamentos e reações, que costumam atrapalhar. O mindset deles está ofuscando a verdadeira conexão. Ao ver o mundo de outras pessoas, conseguem deixar seu mindset de lado e expandir sua perspectiva, abraçando o outro. Isso cria empatia.

Modelos críticos e insights

1. O *Triângulo da Presença* (Figura 2-3): esta estrutura é usada para ajudar seu coachee a estar totalmente presente e "ver" alguém. Para ver os outros, eles precisam estar presentes de três maneiras: presentes para si mesmos, para outra pessoa e para o ambiente em que se encontram.

2. O exercício do Triângulo da Presença (Figura 2-4) é uma ótima ferramenta de coaching para ajudar outras pessoas a mudar seu mindset. Elas podem começar a sentir como funciona o mundo de outras pessoas.

O Triângulo da Presença

Para ver e estar presente, o coachee deve estar ciente das três dimensões de sua experiência:

- O coachee em si e o que está acontecendo dentro dele.
- A outra pessoa e o que está acontecendo dentro dela.
- O ambiente e o que está acontecendo ao redor deles.

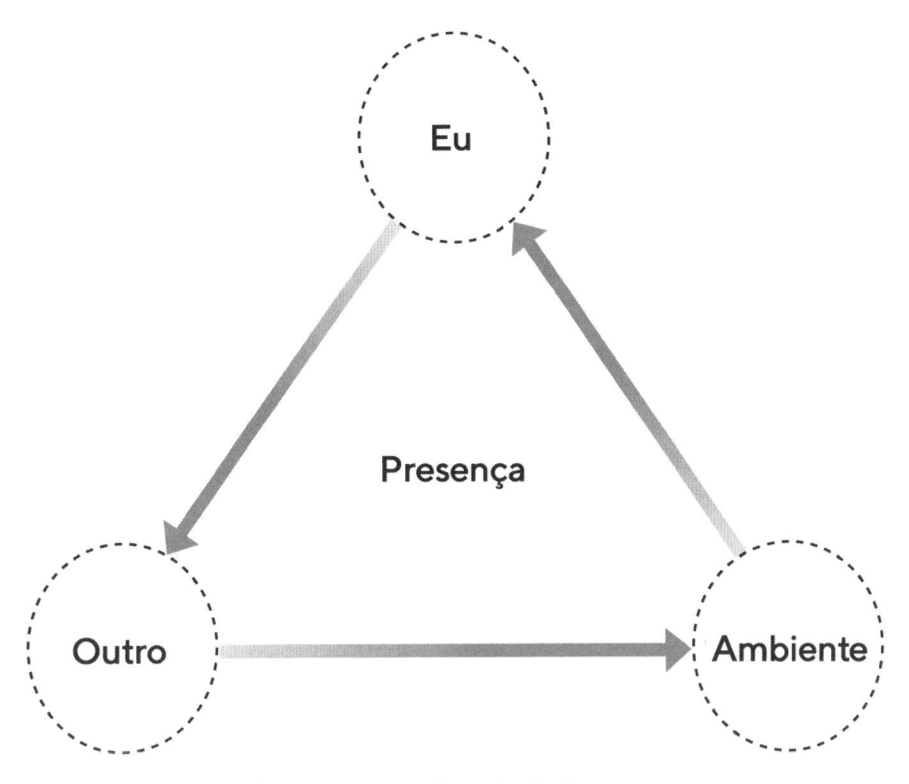

Figura 2-3: O Triângulo da Presença

Esses três elementos — eu, o outro e o ambiente — formam o *Triângulo da Presença*. Eles permitem que as pessoas estejam totalmente presentes, permaneçam em sintonia e estabeleçam uma relação de empatia, o que é fundamental para realmente "ver".

O exercício do *Triângulo da Presença*

Essencialmente, os relacionamentos fracassam e as pessoas não conseguem se vender ou cativar o outro porque, geralmente, os envolvidos não conseguem enxergar uns aos outros. Este exercício ajuda a entender de fato e simpatizar com o mundo de outras pessoas. É uma excelente estrutura para conversa de coaching. Baseia-se em teorias da Gestalt,[3] Programação Neurolinguística[4] e Métodos Cognitivocomportamentais.[5]

Você já reparou que é muito mais fácil ver os dois lados do argumento de alguém do que os dois lados de uma discussão na qual você está envolvido? Isso ocorre porque, com o argumento de outra pessoa, você tem um elemento de distância. Mesmo que você concorde com a posição de uma das partes, muitas vezes você pode perceber o que está motivando o comportamento do outro.

Trabalhar o exercício do *Triângulo da Presença* nos ajuda a criar distância em *nossos* próprios relacionamentos. Eles se tornam mais propensos a encontrar insights sobre como se aproximar de pessoas que consideram desafiadoras, e poderão se mover pelo Triângulo da Presença na seguinte ordem:

a. Eu: Esteja presente diante da experiência do relacionamento — e esteja ciente, caso eles se encontrem dentro da caixa. Esteja ciente também dos pensamentos, suposições e sentimentos que eles possam estar guardando.

b. Outro: Simpatize com sinceridade das preocupações, sentimentos e perspectivas do outro — coloque-se no lugar deste indivíduo e considere sua visão do mundo.

c. Ambiente: Veja o contexto mais amplo, a dinâmica entre o coachee e a outra pessoa à distância e considere o potencial do relacionamento.

1 Eu - Explore seu mindset

Com os olhos de sua mente, observe

O que você vê?

O que você sente e pensa sobre isso?

Você está na caixa?

Quais são suas suposições e crenças?

Como você reage a eles?

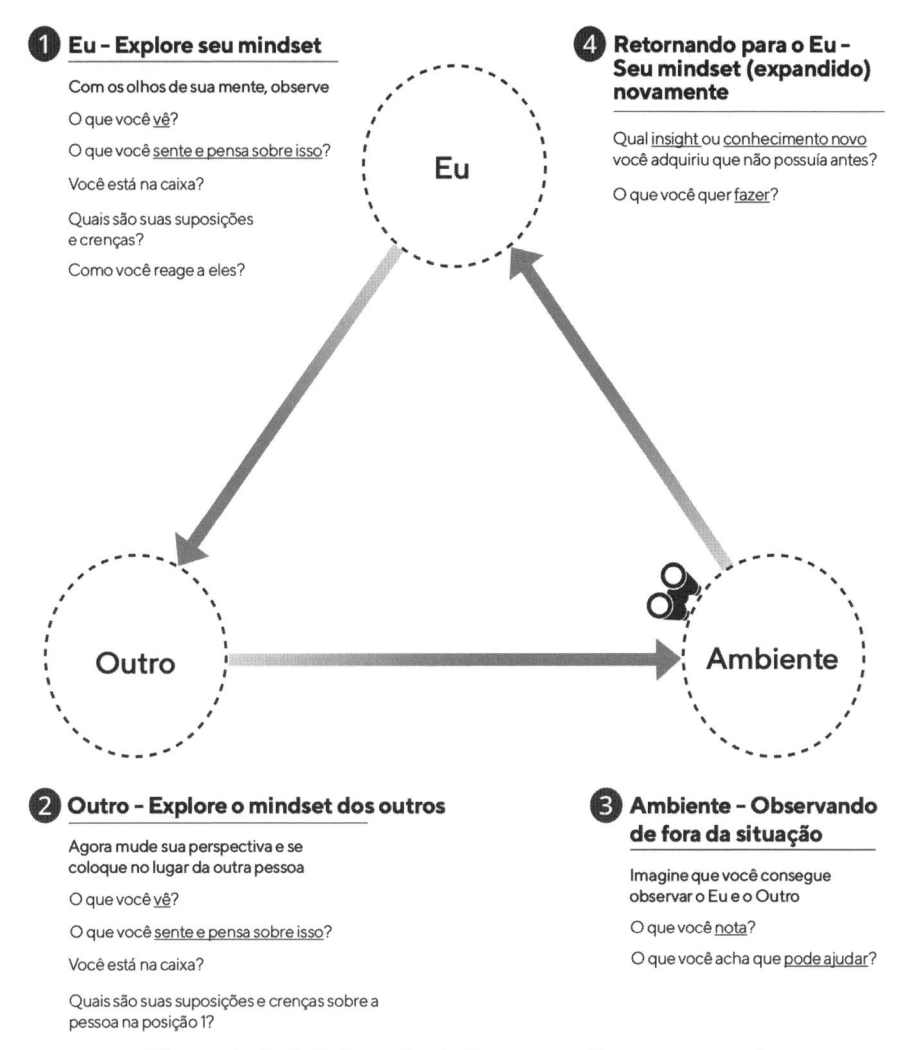

4 Retornando para o Eu - Seu mindset (expandido) novamente

Qual insight ou conhecimento novo você adquiriu que não possuía antes?

O que você quer fazer?

2 Outro - Explore o mindset dos outros

Agora mude sua perspectiva e se coloque no lugar da outra pessoa

O que você vê?

O que você sente e pensa sobre isso?

Você está na caixa?

Quais são suas suposições e crenças sobre a pessoa na posição 1?

3 Ambiente - Observando de fora da situação

Imagine que você consegue observar o Eu e o Outro

O que você nota?

O que você acha que pode ajudar?

Figura 2-4: O Triângulo da Presença (Passo a passo)

Como isso foi usado pelo coach na conversa que demos como exemplo?

Você deve ter notado que o coach trabalhou com esta ferramenta. No início, ele focou a primeira ponta do Triângulo da Presença, treinando o coachee a tomar consciência de sua própria reação.

COACH: *Pense na última reunião da qual você participou, como se você estivesse lá. Você se lembra do comportamento dele?*

COACHEE: *Ele está sentado atrás de sua mesa, com uma pilha de papéis em cima dela. Ele é cauteloso ao responder perguntas e fica desafiando os custos.*

COACH: *E como você responde? Que sentimentos emergem?*

COACHEE: *Eu fico frustrado. Eu começo me dizer que ele é apenas um cara fechado.*

COACH: *Como você acha que isso afeta seu comportamento?*

COACHEE: *Eu me inclino para frente para tentar deixar minha opinião mais clara possível.*

Em seguida, o coach pediu explicitamente ao executivo de vendas para que se colocasse no lugar do diretor financeiro.

COACH: *Ok, agora vamos ver a situação do ponto de vista do diretor. Coloque-se no lugar dele. Você está olhando para um executivo de vendas que se encontra inclinado para frente tentando mostrar sua opinião com mais clareza. O que está sentindo? O que está dizendo a si mesmo?*

COACHEE: *(Falando como se fosse o diretor financeiro) Eu me sinto intimidado. Me fecho. Acho que este cara está querendo muito me pressionar.*

COACH: *Como você responderá? Ainda como se fosse o diretor financeiro.*

COACHEE: *Eu me fecho completamente. Tento tirá-lo da minha sala o mais rápido possível. Aliás, isso realmente aconteceu.*

Finalmente, o coach pediu ao executivo de vendas que usasse a terceira ponta do Triângulo da Presença para explorar o que estava acontecendo de uma forma mais ampla. Assim, então, o coachee poderia tirar suas conclusões.

COACH: *Agora, imagine-se como uma testemunha sábia, que se encontra olhando para o diretor financeiro e para o executivo de vendas. O que você percebe? Qual conselho você daria?*

COACHEE: *Posso ver claramente. A frustração do executivo de vendas está fazendo com que ele se esforce mais, o que faz com que o diretor financeiro recue. O executivo de vendas deveria ir mais devagar, parar de pressionar. Ele deveria pedir ao diretor financeiro para dizer quais são suas preocupações.*

Segundo Passo: *Ouça* — Escute com o coração aberto

Qual é o objetivo desta etapa?

Ajudar o coachee a ouvir e a entender outras pessoas.

Por que é importante?

Ao ouvir, seu coachee pode entender o que é importante, chegar ao cerne da questão e levar a conversa adiante. Quando uma pessoa se sente ouvida, também pode abrir espaço para a perspectiva do coachee, da mesma forma que seu coachee também será influenciado por diferentes perspectivas que ele pode ouvir.

Modelos críticos e Insights

Níveis de escuta: ouvir pode ser algo muito profundo, de uma escuta fechada, em que o coachee não está ouvindo nada, a uma escuta de mente e coração abertos, em que podem criar uma empatia profunda e serem transformados pelo que ouvem.

Níveis de Escuta

O objetivo do *Ouça* é garantir que a outra pessoa seja ouvida. Às vezes, isso pode ser racional — ouvir o ponto de vista de outra pessoa e conhecer suas preocupações antes de formar uma opinião a respeito. Outras vezes, uma escuta mais profunda é necessária. Isto é verdade sobretudo em questões importantes ou problemas com altos níveis de emoção associados. Chamamos essa iniciativa de ouvir com o coração aberto.

Então, o que é necessário dos ouvintes? E como um coachee pode se aprofundar na escuta?

ESCUTA RACIONAL *Importante para desafios práticos*	**ESCUTAR PARA RESOLVER** Otto Scharmer descreve essa situação como ouvir com a mente fechada.⁶	Você não está prestando atenção ao que a outra pessoa está dizendo, mas pensando sobre como pode corrigir o problema dela ou persuadi-la a pensar de outra maneira. É improvável que as pessoas se sintam ouvidas se você estiver escutando com a mente fechada. *Aqui, você geralmente usa perguntas fechadas, como "Já pensou em XYZ?" ou "Você conversou com o cliente sobre a redução do preço?"*
	OUVIR A OUTRA PESSOA Scharmer descreve essa situação como ouvir com a *mente aberta*.	Aqui, você está prestando atenção no que a outra pessoa está dizendo — não ao que dirão em seguida. Você está aberto às possibilidades de aonde chegará com as ideias dela. *As ferramentas-chave incluem resumir, refletir, questão abertas etc.* *"Me conta mais sobre o que pensa para reduzir os custos" ou "Estou escutando que..."*

ESCUTA EMOCIONAL (CORAÇÃO) *Crítica para questões importantes ou emotivas*	OUVIR SENTIMENTOS Scharmer descreve essa situação como ouvir com o *coração aberto*.	Você escuta e explora os sentimentos. Assim, a conexão emocional com a outra pessoa é muito mais profunda. *Ferramentas-chave incluem refletir sentimentos e perguntar sobre sentimentos, como "Você parece preocupado com a redução dos custos. Me fale mais sobre sua preocupação".* Por vezes, pode ser também sobre realmente se abrir para o mundo de outras pessoas e estar disposto a ser transformado pelo que você ouve. *"Tenho muita curiosidade sobre como podemos trabalhar juntos para reduzir os custos. Estou animado por suas ideias; vamos ver como podemos ser criativos juntos."*

Como isso foi usado pelo coach na conversa que demos como exemplo?

Depois de ajudar o coachee a simpatizar com o diretor financeiro, o coach pediu explicitamente ao seu coachee para pensar em como ele poderia ouvir melhor.

COACH: *Ótimo. Agora, usando esse insight no mundo do diretor financeiro, como você pode fazer ele sentir que foi ouvido?*

COACHEE: *Continuarei abordando sua preocupação. Continuarei perguntando se ele quer falar mais alguma coisa.*

COACH: *Mais alguma coisa que você gostaria de experimentar? Como você poderia escutar mais profundamente, agora que está aberto a ver o mundo dele?*

COACHEE: *Posso tentar ouvir os sentimentos por trás das preocupações para que eu possa entendê-las mais profundamente e, assim, abordá-las, se for necessário.*

Com a segunda pergunta, o coach também incentivou o coachee a escutar pensamentos e sentimentos.

Terceiro Passo: *Fale*

Qual é o objetivo desta etapa?

Ajudar o coachee a articular sua mensagem de forma convincente.

Por que é importante?

Agora que seu coachee viu e ouviu a outra pessoa, chegou o momento de compartilhar o que é importante para seu coachee com a outra pessoa, alinhado às necessidades que eles ouviram na etapa *Ouça*. Como eles viram e ouviram com empatia, mudaram a forma de ver e ouvir, e sua mensagem agora é muito mais atraente.

Modelos críticos e Insights

O Elevator Pitch: uma clássica ferramenta para aprimorar a mensagem do seu coachee. Ela pede que seu coachee imagine como transmitiria sua mensagem durante uma curta viagem de elevador, incorporando as ideias das etapas anteriores.

O Elevator Pitch

Na etapa *Fale*, quando se trata de influenciar, o coachee acaba incorporando as etapas anteriores, *Veja* e *Ouça*, e acaba se comunicando de uma maneira poderosa que garante que eles abraçaram o que é importante para o outro.

Importante para mim

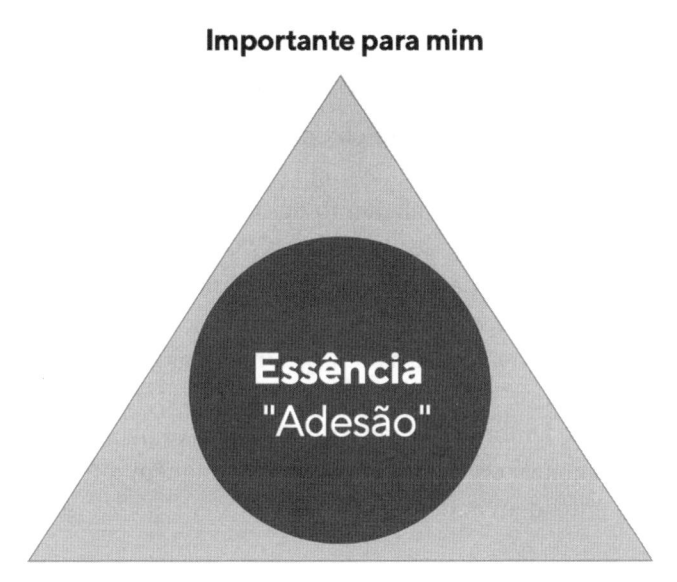

Essência "Adesão"

Importante para eles **Aplicação mais ampla**

Figura 2-5: Discurso do Elevador

Existem muitas ferramentas para isso. Neste livro, usaremos o "Elevator Pitch" como exemplo.

Os elementos são:

1. Importante para mim: Por que esta questão é importante para seu coachee? É uma chance para seu coachee compartilhar seus anseios e que exponha como realmente se sente — de coração. Se não houver nada pessoal na mensagem, é provável que perca seu impacto. O coachee pode encontrar uma maneira simples de dar vida à importância pessoal do assunto — por exemplo, compartilhando uma história que mostre por que ele é importante.

2. Importante para eles: Por que isso é tão importante para as pessoas com quem eles estão falando? O coachee claramente passou algum tempo entendendo isso nas etapas *Veja* e *Ouça*. Isso precisa fazer parte de seu discurso. O coachee pode tentar construir algo com o qual o público à sua frente consiga se conectar.

3. **Aplicação mais ampla:** Trata-se de tentar articular os benefícios mais amplos, por exemplo, para a organização em geral e para a sociedade.

4. **A essência:** Tradicionalmente chamada de "Proposta de Venda Exclusiva (USP, do inglês Unique Selling Point)", pode, na verdade, ser mais ampla, mas precisa ter o elemento de "aderência" a ela. Como a mensagem do coachee pode ser memorável? O ideal é encontrar algo memorável o suficiente para que, mesmo quando for passado a terceiros, ainda funcione. Por exemplo, quando Steve Jobs lançou o iPod para o mundo, ele pediu para que as pessoas imaginassem como seria ter mil músicas dentro de seu bolso. Ele capturou a essência da ideia de uma forma fácil de lembrar e compartilhar. A chave para a comunicação é geralmente como terceiros — falando com alguém que o coachee conversou — entendem a mensagem.

Para cada elemento, é importante ter pontos de provas (evidências) apropriadas.

Como isso foi usado pelo coach na conversa que demos como exemplo?

O coach teve o cuidado de terminar a conversa pedindo ao executivo de vendas para refletir sobre como, após o coaching, ele poderia se comunicar de forma diferente.

COACH: *Obviamente, você não saberá como comunicar sua proposta de maneira diferente até que o ouça. Mas o que você pensa sobre isso?*

COACHEE: *Vou esperar. Mas, enquanto penso nisso, acho que posso pensar em como mudar a apresentação para falar mais claramente sobre as preocupações financeiras dele. Eu realmente entendo por que isso é importante para ele e preciso abordar isso.*

Aplicando a Conversa *Relacionar*

Aplicando em outras situações

Estas são algumas situações em que você pode utilizar a conversa *Relacionar*:

1. Influência

Principais situações em que um coachee está tentando influenciar um projeto ou plano importante. É muito importante levar outras pessoas com eles. Esse era o foco do capítulo.

2. Conflito

Quando um coachee está em conflito com outra pessoa, ou tendo dificuldade para entender o ponto de vista do outro, a conversa *Relacionar* pode ser muito poderosa. Pode tirá-los do calor da situação e guiá-los para uma solução. Você notará que, em conflito, a empatia frequentemente é a primeira coisa que desaparece.

Frequentemente, ambas as partes se encontram no *Fale* durante conversas ou discussões acaloradas. O uso dessa conversa é como um disjuntor. Em conflito, ambas as partes estão tentando expressar seu argumento. Ao verem e ouvirem um ao outro, não precisam mais lutar para que seu argumento seja reconhecido. Uma vez que o outro é visto e ouvido, eles estarão mais abertos para ver e ouvir o coachee também.

Primeiro, o clima tenso pode ser reduzido antes de qualquer conversa, usando o Triângulo da Presença com antecedência — isso ajudará a dar mais espaço para uma reação imediata, bem como para realmente entender e simpatizar com o ponto de vista de outra pessoa.

Segundo, o coachee pode usar a sequência *Veja–Ouça–Fale* nesses conflitos. Ele pode aplicar a sequência para orientar o fluxo da conversa. Ver é simplesmente estar presente e prestar atenção em si, no próximo e no ambiente em sua volta. Ouvir é simplesmente escutar com o coração, então o coachee pode falar, incorporando então a mensagem que ouviram antes de expressar sua perspectiva ou ponto de vista.

E, é claro, há momentos em que o coachee precisará passar uma mensagem clara e direta. Às vezes, há situações em que o comportamento da outra pessoa não é muito bom. Neste caso, a sequência *Veja–Ouça–Fale* permanece, mas o que muda no modelo é o Passo *Fale*. Neste caso, a etapa *Fale* tem a ver com dar feedback.

Uma estrutura simples para feedback é: "Quando você (declara o fato), eu pensei/notei (indicação do impacto)." Por exemplo: "Posso ver como o trabalho te deixa estressado e entender por que você chegou atrasado" (*Veja* e *Ouça* estão completos, agora siga para o Passo *Fale*). "Quando você chegou atrasado três vezes nesta semana, me senti frustrado e me vi questionando o seu compromisso". Depois que seu coachee compartilhar a mensagem com a outra pessoa, você pode convidá-lo para voltar à etapa *Veja* e *Ouça* para que ele ouça a resposta da outra pessoa antes de resolver a situação.

Ao treinar outras pessoas, você também pode usar o *Triângulo da Presença* como exercício para ensinar outras pessoas a se libertar de conflitos, que poderiam ser algo prejudicial no dia a dia ou no local de trabalho. De qualquer maneira, a conversa *Relacionar* pode ter um impacto positivo no crescimento e movimentar pessoas em direção à resolução de problemas e conflitos.

3. Coaching

Veja–Ouça–Fale pode também ser útil quando for treinar outras pessoas. Ao ver, ouvir e fazer perguntas, você permite que a outra pessoa se exponha e com isso elas permitem que o poder de orientação entre em suas vidas. A única diferença seria que a etapa *Fale* assumiria a forma de oferecimento de feedback, comunicação direta ou compartilhamento de suas impressões.

4. Globalização, diversidade e inclusão

Ao trabalhar com diferentes culturas e ambientes de trabalho globais, é possível formar a base de grandes parcerias prestando atenção, simpatizando e respeitando outras pessoas usando o framework *Veja–Ouça–Fale*. Muitos líderes que treinamos se beneficiaram do poder do *Veja–Ouça–Fale* nessas situações. A etapa *Veja* permite que os líderes que você está treinando realmente possam simpatizar com a cultura ou o ambiente das outras pessoas. Na etapa *Ouça*, eles podem ouvir e entender. E, finalmente, na etapa *Fale* o coachee pode compartilhar sua perspectiva de uma maneira que abrace sua compreensão do ambiente ou da cultura. Da mesma forma, na diversidade e em situações de inclusão, os exercícios do *Triângulo da Presença* podem ser ótimos para observar julgamentos e reações (às vezes pode ser chamado de viés inconsciente) para que o coachee possa abrir a mente para novas abordagens e realmente ver e apreciar as diferenças.

O impacto nos negócios

A pesquisa sobre o impacto da conversa *Relacionar* é extensa. Pesquisas de neuroimagem confirmam que nossos cérebros realmente respondem positivamente à empatia.[7] A confiança que se se desenvolve, por sua vez, melhora o desempenho,[8] e a segurança ajuda a criar um espírito de experimentação, e isso é crucial para a criatividade[9] e a redução do estresse.[10] De fato, para os funcionários, relacionamentos e reconhecimentos são mais importantes para a felicidade do que salários, e essa é a mudança que a conversa *Relacionar* provoca.[11] E ela é necessária: uma pesquisa feita pela Gallup com funcionários dos Estados Unidos revelou que 70% dos funcionários são classificados como "não engajados" ou "ativamente desligados" no trabalho, afirmando, além disso, que os funcionários ativamente desligados custam aos Estados Unidos entre US$450 bilhões a US$550 bilhões por ano.[12]

No centro desta conversa encontra-se a empatia e a compaixão dos líderes, o que tem um impacto significativo na confiança dos funcionários e nos resultados das empresas.[13] "Estudos mostraram que uma gestão compassiva leva a melhorias no atendimento ao cliente, nos resultados e na satisfação do cliente."[14]

Pesquisas usando medidas de fisiologia e do sistema imunológico mostram que interações positivas no local de trabalho reduzem os problemas de saúde dos funcionários e melhoram positivamente sua saúde[15], gerando um enorme impacto financeiro.

Daniel Goleman, famoso por seu trabalho em inteligência emocional, mostra que parceiros de negócios que possuem gestão e habilidades sociais (conversas *Ser* e *Relacionar*) aumentam o lucro em 390% em comparação a parceiros que não possuem esses pontos fortes. Em sua pesquisa, isso representou US$1.465.000 por ano para os negócios. Por outro lado, habilidades de raciocínio analítico adicionaram apenas 50% a mais no lucro.[16]

Goleman também contrastou três domínios de liderança: competências emocionais, habilidades técnicas e habilidades cognitivas. Ele descobriu que, para todos os empregos, as competências emocionais eram "duas vezes mais prevalentes entre as competências, assim como habilidades técnicas e as puramente cognitivas, combinadas. Quanto maior a posição da pessoa na empresa, mais a inteligência emocional importava".[17] Ele também descobriu que 85% das competências de indivíduos em posições de liderança estavam no domínio da Inteligência Emocional (as conversas *Ser* e *Relacionar* têm a ver com o desenvolvimento de inteligência emocional).

A conversa *Relacionar* também se trata de dar feedbacks — quando compartilhado com empatia, desenvolve pessoas e organizações. No entanto, 63% dos executivos seniores de RH disseram que seu maior desafio de gestão de desempenho era a incapacidade ou falta de vontade dos gerentes em dar feedbacks mais difíceis.[18]

Portanto, como coach, você ficará sobrecarregado com esses desafios. *Como é que eu vou influenciar a pessoa X? Como vou ter um feedback complicado com Y? O que eu faço sobre a pessoa Z?* Grande parte da nossa eficácia e felicidade é definida por nossas conexões com os outros, e esses desafios surgem o tempo todo.

Praticando e aplicando em si mesmo

Usando o framework *Veja-Ouça-Fale* como um todo

Cada passo é poderoso, assim como o modelo *Veja–Ouça–Fale* como um todo. Vamos pensar em aplicar toda a estrutura em si, antes de aplicá-la passo a passo. Para muitos coaches, este será um exercício útil de se fazer. Como um todo, essa estrutura pode ser usada quando se tem uma conversa difícil ou uma ótima conversa de coaching. A sequência é uma boa oportunidade para se praticar.

Sua vez: Exercício reflexivo
Selecione uma pessoa com quem você gostaria de melhorar sua influência ou relacionamento.
Analise o modelo Veja-Ouça-Fale. Onde você acha que suas interações atuais são tipicamente fortes?
Veja: Você tem confiança que ambas as partes se sentem vistas e podem conversar abertamente?
Ouça: Eles sentem que você realmente os ouve e entende seu ponto de vista?
Fale: Você consegue articular sua própria perspectiva de maneira clara e simples?

Nota: Você pode consultar algumas ferramentas a seguir se ajudar sua conversa ao oferecer técnicas prática sobre Veja-Ouça-Fale.

	Algumas coisas que você pode fazer para obter êxito	E como você saberá que alcançou seu objetivo e pode seguir para o próximo passo?
Veja	Tente perceber as preferências de um indivíduo e sua maneira de se comportar/falar. Quando for possível, tente combiná-los. Por exemplo: Onde (localização) eles se sentem mais confortáveis? Uma conversa fiada os relaxa ou eles preferem ir direto ao ponto? Tente "observá-los" e criar um relacionamento. Isto pode ser prático, como "Seus resultados do mês passado foram fantásticos. O que você tem feito em sua área?" ou pode ser mais pessoal e emocional como "Você parece incomodado. O que está acontecendo?"	A pessoa fala abertamente sem estar na defensiva

Ouça	Ouvir ativamente significa se concentrar no que eles estão dizendo; use pistas verbais como "Uh, huh", "Sim". Use também a linguagem corporal como dica, por exemplo, mantendo contato visual, uma postura corporal mais aberta e assentindo para mostrar que você entende. Parafrasear: Repita o que você ouviu da outra pessoa para ter certeza de que entendeu. Resuma os principais pontos e o que precisa ser comunicado. Refletir: Reflita de volta os sentimentos que eles estão demonstrando (Por exemplo, "Você parece frustrado com isso"). Faça perguntas abertas, como "O que você pensa em fazer sobre...?"	A outra pessoa se sente ouvida (isso não é a mesma coisa que achar que você entendeu o outro)
Fale	Isto implica vincular explicitamente suas ideias para as preocupações que você ouviu no Passo Ouça. Afirmar claramente o que você quer e precisa, como "Eu quero/preciso/penso... porque..." Então faça a pergunta "Você gostaria de...?" Depois de entregar sua mensagem, fique atento para voltar ao Passo Veja novamente. Você pode dizer "Você parece chateado com o que acabei de falar". Use o Elevator Pitch se deseja compartilhar uma mensagem inspiradora — uma vez que tenha visto e ouvido o outro, você pode usar esta ferramenta para esculpir uma mensagem inspiradora e influente. Esta ferramenta pede que você imagine como seria passar uma mensagem durante uma curta viagem de elevador. Para cada canto do Triângulo do Elevator Pitch, vale a pena pensar em alguns pontos de prova — Vamos poder ajudá-lo mais adiante neste capítulo.	Sua mensagem foi entregue

Praticando passo a passo

Focaremos a prática em influenciar — cada passo poderá ser dado separadamente, dependendo do contexto ou da aplicação específica da conversa *Relacionar*.

Veja — Exercício Reflexivo para o Triângulo da Presença

Pense em alguém que você gostaria de "ver" melhor, alguém que você preza. Pense em um momento específico em que você ficou frustrado.

- Agora imagine-se interagindo com essa pessoa no momento da frustração.
    - O que você vê? (Quais comportamentos ou linguagem corporal ela adotou?)
    - O que você sente?
    - O que você está dizendo a si mesmo?
    - E como você se vê respondendo? (Quais comportamentos você acaba adotando?)

Reserve um momento para deixar essa posição de lado. Conecte-se ao ser humano, à outra pessoa. O que você valoriza nela? Permita-se estar aberto ao fato de que ela pode ter um ponto de vista preestabelecido antes de entrar em seu mindset.

- Agora imagine que você esteja no mundo dela. Visualize-se no lugar dela e como ela te observa nesse tipo de situação.
    - O que você vê? (Em outras palavras, através dos olhos da outra pessoa, como é o seu comportamento?)
    - O que você sente?
    - O que você está dizendo a si mesmo?
    - E como você se vê respondendo? (Quais comportamentos você acaba adotando?)

> (**Nota:** Este é o espelho da etapa anterior, para imaginar estar no lugar da outra pessoa e experimentar a interação através da perspectiva deles.)

- Agora imagine-se afastado da interação, testemunhando a troca à distância, observando ambas as partes.
    - O que você percebe?
    - Qual conselho você daria a si mesmo?
- Tendo explorado cada lado do triângulo, o que você aprendeu? Com qual escolha você se comprometeria?

Ouça

Pensando na pessoa, em qual nível de escuta você está operando?

- Como você pode aprofundar sua escuta? (Consulte as ferramentas)
- O que você pode testar?
- O que você promete tentar?

Fale (Elevator Pitch)

Agora pense na mensagem que você gostaria de transmitir às pessoas que estão com você. Pense em como você compartilharia essa mensagem. Veja se ela possui os quatro elementos-chave e se cada elemento apresenta algum tipo de evidência anexada.

1. Por que sua mensagem é importante?
    - Quais pontos de provas ou histórias poderiam ilustrar o que deseja transmitir?
2. Por que é importante para o público? (Caso você ainda não tenha feito, investigue essa pergunta utilizando *Veja* e *Ouça* primeiro — ou passe alguns minutos colocando-se no lugar da outra pessoa.)
    - Quais provas ou histórias poderiam ilustrar o que deseja transmitir?

3. Qual é sua maior importância? (Para a organização? Para stakeholders específicos? Para a comunidade em geral? Esta é uma oportunidade de comunicar seu senso de propósito de uma forma mais ampla.)
    • Quais pontos de provas ou histórias poderiam ilustrar o que deseja transmitir?
4. Qual é a essência da sua mensagem?
    • Quais pontos de provas ou histórias poderiam ilustrar o que deseja transmitir?

Aplicando no coaching: outras grandes questões de coaching

Você pode usar as perguntas anteriores em suas sessões de coaching. Aqui vão mais algumas.

Perguntas de coaching para a etapa Veja

O exercício do *Triângulo da Presença* é uma ótima conversa de coaching.

Outras ótimas questões são:

(Você)   *Isso é familiar? Existem outras conexões que parecem similares?*

(Outro)   *Qual conselho você daria à pessoa que se encontra na posição 1?*

(Ambiente)

• *Olhando despretensiosamente para o relacionamento, qual é o potencial?*
• *O que está acontecendo que impede que um bom relacionamento de trabalho aconteça?*
• *Como isso pode ser resolvido?*

Nota: Pode parecer estranho, mas poder se mover fisicamente é uma ferramenta poderosa. Identifique as três pontas do *Triângulo da Presença* desde o início e, em seguida, mova-se pelas três pontas ao fazer o exercício.

Perguntas de coaching para a etapa Ouça

- Em que circunstâncias você considera mais difícil ouvir? Onde você acha que poderia melhorar sua escuta?
- Em qual nível você está ouvindo agora?
- Qual é seu compromisso? Como você pode largar e simplesmente focar as pessoas e o que elas querem dizer?
- Quais emoções você está ouvindo no outro? Como você pode refleti-las?
- Quais emoções você está ouvindo em si mesmo?
- Como você pode saber que obteve sucesso? Vindo da sua experiência ou de outros?

Perguntas de coaching para a etapa Fale

As perguntas do exercício de reflexão são excelentes e vale a pena usá-las para ajudar seu coachee a enquadrar o tom no *Elevator Pitch*.

- Após escrever seu discurso para o Elevador, gostaria de treiná-lo comigo? Isso poderia ajudar?
- Com quem você poderia praticar?
- Em uma escala de 1 a 10, quão confiante você está para compartilhar seu discurso com os outros? O que te ajudará a ter mais confiança? Como posso apoiar você?

Resumo

Esta conversa:

- É ótima para quando você quer ajudar outras pessoas a melhorar ou aprimorar seus relacionamentos.

- Ajuda pessoas a dialogar com outras, de forma que valorizem e reconheçam o que é importante para ambas.

- Envolve três etapas principais:

    o *Veja:* Valorizar e reconhecer a outra pessoa e seu mundo

    É tanto uma mudança de mindset quanto uma mudança de comportamento — a mudança de mindset levará automaticamente à mudança de comportamento, seja um sorriso, um aperto de mão ou simplesmente garantindo que a outra pessoa esteja confortável.

    o *Ouça*: Valorizar o que o outro tem a dizer

    Ao usar a escuta ativa, seu coachee pode criar uma maior confiança e entender o que é melhor para a outra pessoa. É uma escuta que abraça o que eles dizem e sentem, de uma forma capaz de mudar a experiência do seu coachee.

    o *Fale*: Falar de coração

    O objetivo aqui é aumentar a conexão da conversa e fazer com que avancem juntos, caso deseje trazer pessoas para seu ponto de vista ou para amenizar um conflito.

A sequência pode ser seguida em cada conversa ou desacelerada a fim de aprofundar-se em uma parte muito importante e relevante para a situação.

Capítulo 3

Inspirar

ENTENDENDO E IDENTIFICANDO A CONVERSA

Introdução

Quando podemos usar esta conversa?

O que o coachee pode dizer?

Como reconhecer a mudança nesta conversa?

A CONVERSA *INSPIRAR*

Uma amostra da conversa em ação

Desvendando a conversa em alto nível: o processo IME

Desvendando a conversa em alto nível: insights e modelos de coaching:

    Primeiro Passo: Importância

    Segundo Passo: Mudança

    Terceiro Passo: Experimentos

> **APLICANDO A CONVERSA *INSPIRAR***
>
> Aplicação em outras situações
>
> O impacto nos negócios
>
> Praticando e aplicando em si mesmo
>
> Aplicando no coaching: outras grandes questões de coaching
>
> **RESUMO**

Entendendo e identificando a conversa

Introdução

Quando alguém não consegue obter inspiração ou inspirar outras pessoas com um propósito ou direção

Na Introdução, demos o seguinte exemplo:

> *Imagine que você esteja treinando uma pessoa de alto desempenho. Ela trabalhou demais durante o ano e superou todas as suas metas. Mas está exausta, e começando a receber feedbacks de outras pessoas de que ela é excessivamente disposta e não inspiradora. Ela então decide se abrir para você, compartilhando que está começando a se perguntar se tudo isso vale a pena e que ela necessita de algum apoio para reacender sua inspiração.*

Como você responde? Como você pode treiná-la para encontrar uma sensação de propósito que a inspirará?

Exploraremos a resposta neste capítulo.

Inspirar

Esta conversa se encontra no centro das principais mudanças. É sobre os coachees entenderem quem são e a diferença que querem fazer. Esta conversa vai inspirá-los a se apoiar, assumir a liderança quando os outros estiverem incertos e moldar uma visão inspiradora do futuro que todos gostariam de seguir. *O mindset muda de fazer o trabalho para liderar com coração e mente inspirados.*

O poema de Roger McGough, "The Leader", é uma ilustração clara da ironia de uma liderança sem inspiração:

Eu quero ser o líder

Eu quero ser o líder

Eu posso ser o líder?

Eu posso? Eu posso?

Promete? Promete?

Isso, eu sou o líder

Eu sou o líder[1]

Talvez, uma das metáforas mais famosas usadas na conversa "Inspirar" é a velha história dos três homens colocando tijolos em um canteiro de obras.

> Perguntaram ao primeiro homem: por que você está colocando tijolos? Ele respondeu: "Esse é o meu trabalho e me disseram que é isso que tenho que fazer. Vou receber um cheque no final de semana, e isso me ajudará a pagar as contas e alimentar meus filhos."
>
> Geralmente, esse homem era bastante frustrado e ressentido, sempre se queixava das condições de trabalho com seus colegas, passou bastante tempo doente, não gostava do emprego e de ir trabalhar.
>
> Fizeram a mesma pergunta para o segundo homem. Ele respondeu: "Estou construindo um muro — e nós temos o objetivo de entregá-lo até o próximo mês. Estou concentrado no sucesso, farei o que for preciso para entregar este projeto, e então terei um senso de conquista e um bom bônus."

Este homem estava trabalhando arduamente e com determinação. Ele esperava que, algum dia, no futuro, se sentisse completo e pudesse se aposentar. Ele criará um novo foco assim que o muro estiver concluído, se concentrando nas habilidades necessárias para atingir sua próxima conquista.

Fizeram a mesma pergunta para o terceiro homem. Ele respondeu: "Estou colocando estes tijolos para construir uma catedral. Eu tenho uma visão de que um dia as pessoas olharão e apreciarão sua beleza; será um lugar onde as pessoas se reunirão e criarão uma comunidade. Estou desempenhando meu papel na criação e arquitetura e trabalhando em conjunto com outras pessoas em direção à excelência."

Este homem estava satisfeito e mal poderia esperar para acordar de manhã. Ele era uma inspiração e modelo para os outros.

A conversa "Inspirar" é sobre o coachee encontrar a inspiração e o propósito do terceiro homem citado no texto. Funciona porque primeiro encontra valores que realmente importam para nossos coachees. Este é o verdadeiro norte, e, a partir dele, eles criam seu legado, moldam sua visão e se expressam no mundo.

O poder de criar uma visão é essencial: é algo que te sustenta durante os altos e baixos da vida.

Por exemplo, James Dyson teve a visão de um aspirador de pó quando se inspirou na maneira como uma serraria usava um ciclone para expelir resíduos. A visão era tão forte que sustentou o protótipo por 5.127 protótipos entre 1979 e 1984, incluindo muitas rejeições de fabricação por empresas.[2] Esse é o poder de uma visão baseada no que é importante para você.

Theodore Hesburgh, ex-presidente da Universidade de Notre Dame, disse uma vez: "A própria essência da liderança é que você precisa ter uma visão. Tem que ser uma visão que você articula de forma clara e vigorosa em qualquer ocasião."[3] Sem visão, não há direção.

John Ryan, Presidente e CEO do Center for Creative Leadership, escreve:

O sucesso da liderança sempre começa com a visão. John F. Kennedy sonhava em levar o homem à Lua. Eleanor Roosevelt imaginou um mundo de oportunidades iguais para mulheres e minorias. Wendy Kopp (cofundadora do Teach For All) ainda era uma estudante universitária quando sonhava em melhorar as escolas norte-americanas, criando um quadro de jovens professores entusiasmados. Visões convincentes podem realmente mudar o mundo.[4]

Parece óbvio, mas atualmente a mudança "Inspirar" é surpreendentemente difícil e muitas vezes ausente. Por quê?

Os seres humanos são programados para obter sucesso de acordo com as expectativas dos outros. Buscamos alcançar melhores resultados nos exames, irmos para a escola ou universidade certas ou conseguir um emprego melhor. Queremos o parceiro perfeito e a família perfeita. No trabalho, procuramos desesperadamente cumprir os KPIs que são definidos para nós.

Tudo isso é normal, e pode ser que você percorra um longo caminho para obter êxito. Mas todos esses objetivos vêm de outras pessoas. A maioria delas não molda sua própria visão. Para muitos de seus coachees, chegará um momento em que eles precisarão reverter isso e a mudança "Inspirar" torna-se a chave.

Certa vez, treinei o CEO de uma grande empresa de bens de consumo da Austrália. Depois de dois anos no cargo, ele melhorou o desempenho da empresa e pôde cumprir com confiança as metas de lucro e crescimento estabelecidos pela sede da empresa. Ele não tinha certeza do que fazer a seguir.

Para ele, esse foi o momento em que a mudança "Inspirar" foi particularmente relevante. Isso lhe permitiu encontrar uma maneira de colocar sua marca registrada na empresa, que ficou famosa em toda a região como pioneira no desenvolvimento de talentos, algo pelo qual ele era apaixonado.

Uma história que pode ajudar ilustrar a mudança "Inspirar" pode ser encontrada em um vídeo produzido pela Lead Índia.[5] Nele, uma árvore caiu no meio da estrada. Está chovendo. Os motoristas apertam a buzina de forma frustrada. Policiais usam o rádio para obter ajuda e tentar controlar o tráfego. Todo mundo está frustrado. Um garoto caminha até a escola, ele olha para a árvore e vê que ela está bloqueando a estrada. Ele tenta levantar a árvore. Isso é claramente ridículo, pois ela não se move. Algumas outras crianças tentam ajudá-lo, mas nada acontece. Mas alguns adultos saem de seus carros e resolvem ajudar. Eventualmente, um grande grupo de pessoas se aproxima da árvore e, juntos, são capazes de movê-la.

Esta é uma grande história de inspiração. A expectativa convencional seria ser paciente e aguardar as autoridades removerem a árvore. Isso é eminentemente razoável, e nenhum motorista ou policial pensa em questionar tal coisa. Porém, o garoto tinha uma visão diferente. Ele olha para a árvore e pensa: "Por que não movemos ela?" Essa visão é tão poderosa que permite que outras pessoas mudem sua visão sobre o mundo e sobre a realidade. Assim, a árvore é removida sem ter que aguardar as autoridades.

A conversa "Inspirar" é sobre a descoberta metafórica do coachee e sobre eles removerem suas "árvores" da estrada.

O mais importante sobre a conversa "Inspirar" é que ela não ocorre naturalmente para todos. Humanos são animais sociais. Estamos programados para nos encaixar — e seguir aqueles que admiramos. Não podemos evitar, isso é o que nos torna uma espécie comum e nos permite alcançar o que desejamos.

Mas o perigo de querer que o outro se encaixe é que, quando uma pessoa tem um interesse diferente, ou um interesse próprio, pode ser facilmente vista como uma pessoa que está competindo pela liderança. E isso não é algo que tem sido encorajado ao longo da história. Tradicionalmente, apenas líderes têm o poder de moldar sua direção.

É por isso que, na imaginação popular, essa mudança — que cria uma nova visão para os outros seguirem — é tão fortemente ligada à liderança.

É claro, no mundo moderno não queremos mais pouco líderes. Paramos de recompensar a conformidade e a única maneira de lidar com a complexidade e a incerteza do mundo de hoje é fazendo com que todos liderem de vez em quando — a partir de nossos valores e com uma visão que possa inspirar. A mudança "Inspirar" está se tornando mais importante.

Veremos aplicações desta conversa em situações do cotidiano no final do capítulo.

Quando podemos usar esta conversa?

Esses são tópicos comuns mas variados, que nos levam a essa mudança, incluindo os seguintes:

Figura 3-1: Inspirar: tópicos e desafios

Todos esses tópicos são sobre ajudar outras pessoas em situações de ambiguidade ou escolha, para deixar claro aonde eles querem ir e criar coragem para liderar.

O que o coachee pode dizer?

Geralmente, é possível dizer que a mudança do "Inspirar" está certa porque você verá pessoas falando o seguinte:

- Incerteza. Não tem clareza com relação a que rumo tomar.
- Expectativas de outras pessoas. Uma mudança está sendo conduzida porque o "CEO pensa XYZ" ou "O papel da minha equipe é atender a esses KPIs" ou até mesmo "Meu papel como pai é atender às necessidades da minha família".
- Suas preocupações ou ansiedades sobre como outras pessoas os veem. Tentar ser tudo para todas as pessoas, ao invés de ter um objetivo claro e fazer escolhas de acordo com isso.

- A necessidade de fornecer um senso de direção mais forte ou uma visão mais clara.
- Eles podem se sentir apáticos, pesados, perdidos ou desmotivados.

Como reconhecer a mudança nesta conversa?

Essa mudança tem tudo a ver com ajudar os outros a explorar o que é importante para eles e a diferença que eles querem fazer. É possível reconhecer a necessidade de mudança quando um coachee parece estar respondendo a uma situação sem senso de visão e direção. Muitas vezes, isso acontece porque eles acabam se concentrando no que eles imaginam que os outros esperam deles. Quando esta é a mudança correta, você sentirá ou ouvirá as pessoas começando a procurar uma direção. Isto é especialmente comum em situações de ambiguidade, incerteza ou mudança. Nessas situações, a capacidade de agir e liderar é crítica.

A Conversa Inspirar

Uma amostra da conversa em ação

Como nos capítulos anteriores, vamos explorar como um ótimo coach pode treinar o profissional em nosso estudo de caso. Conforme descrito no início do capítulo, essa pessoa está perdendo o brilho e não está motivando outras pessoas.

Quando ela compartilha sua frustração como "Isso vale a pena?", o coach pergunta se conversar pode ajudar a recuperar seu brilho. Eles concordam, e o coach começa:

Parte Um: I — O estágio da Importância

COACH: *Ok, pense em quando você começou neste trabalho. O que te chamou a atenção?*

COACHEE: *Eu estava orgulhoso de trabalhar em uma grande organização.*

COACH: *E o que é importante para você sobre isso?*

COACHEE: *Pensei que faria parte da criação de produtos que poderiam melhorar a vida das pessoas.*

COACH: *Mais alguma coisa?*

COACHEE: *Acho que queria trabalhar com pessoas em quem eu realmente confiasse — e com isso ajudá-las a obter sucesso também.*

COACH: *Então, o importante para você era a capacidade de criar produtos que poderiam melhorar a vida das pessoas, fazer parte de uma equipe de confiança e ajudar outras pessoas a obter sucesso. Isto ainda soa verdadeiro para você?*

COACHEE: *Acho que sim. Acabei perdendo isso de vista com a carga de trabalho.*

Parte Dois: M — O estágio da Mudança

COACH: *Parece que você sabe o que quer, mas acabou perdendo isso de vista. Isso acontece com todos nós. Você está pronto para seguir em frente e olhar para a visão da diferença que gostaria de fazer? Recuperar seu senso de propósito?*

COACHEE: *Eu acho que seria útil.*

O coach fala um pouco sobre como grandes visões criam tensão entre a realidade atual e a visão de mudança, então pergunta para o coachee se ele pode passar alguns minutos refletindo sobre sua própria visão.

COACH: *Então, como você se saiu?*

COACHEE: *Muito bem. Minha visão é que realmente focamos fazer produtos que os clientes precisam. Sinto que estamos presos em melhorias incrementais, e também percebo que a liderança é grande parte da minha visão. Tenho negligenciado isso. Gostaria de ser um mentor para outras pessoas e montar uma equipe incrível.*

COACH: *Isso é realmente importante. Todos nós precisamos dar um passo atrás, de tempos em tempos, para que fique clara a mudança que gostaríamos de fazer. Caso contrário, a pressão das metas e os problemas da vida cotidiana assumem o lugar da mudança.*

Parte Três: E — O estágio dos Experimentos

COACH: *Tendo refletido sobre sua visão e realidade atual, quais serão os seus primeiros passos?*

COACHEE: *O primeiro passo é trazer a equipe para a visão e compartilhar a minha. Então vou tentar estabelecer algum tempo para conversar com cada membro da equipe.*

COACH: *Quando você fará isso?*

COACHEE: *Bem, posso marcar uma reunião com a equipe na próxima semana. Podemos falar sobre como trabalhamos e sobre como podemos nos aventurar mais na hora de lançar um produto.*

Desvendando a conversa em alto nível: o processo IME

Então, o que aconteceu aqui? A mudança "Inspirar" e a conversa que você acabou de ler são chamadas de "Inspirar" ou "Possibilidade". E possui três etapas: das quais você pode se recordar como IME: I — Importância, M — Mudança, E — Experimentos.

Etapa Um: Importância — Começando com valores

O primeiro passo do processo ajuda o coachee a descobrir o que é importante para ele. Uma ótima maneira de se fazer isso é por meio dos valores. Mas por valores não queremos dizer valores genéricos. Conceitos como honestidade, integridade, trabalho em equipe e assim por diante são claramente coisas "boas". Aprendemos isso com a sociedade e suas histórias. (Ensinar valores e lições de vida têm sido o papel das histórias na maioria das sociedades.) Mas se todos tiverem a mesma lista, isso não os ajudará a se destacar.

O que ajuda na conversa "Inspirar" é que normalmente cada pessoa possui dois ou três valores pessoais. Esses valores são desproporcionalmente fortes dentro delas. Eles moldam sua personalidade. As pessoas ficam nervosas quando os outros não os seguem na vida. Por exemplo, se os pais de um coachee fizeram grandes sacrifícios por ele, eles podem valorizar a responsabilidade. E eles podem ficar extremamente frustrados com pessoas que não parecem ser responsáveis ou que eles acham que são preguiçosas. O que é bom com relação a esses dois ou três valores fundamentais é que eles fornecem uma bússola moral — que pode ser usada para determinar o tipo de visão que seus coachees gostariam de moldar.

Pode ser útil pensar sobre esses valores fundamentais nas pessoas que conhecemos. Por exemplo, Madre Teresa é conhecida por sua compaixão, amor e cuidado. O velocista medalhista olímpico Usain Bolt é conhecido pela conquista, excelência e humor. Estes podem ser considerados como seus valores pessoais essenciais, que são exclusivos neles. Essas pessoas podem ter o valor da honestidade, mas isso não os define. Seus valores essenciais são centrais a quem eles são e para mostrar aquilo que os impulsiona na vida. (Nota: é possível observar valores de organizações da mesma forma. Pense sobre os valores fundamentais que definem Toyota versus Ferrari.)

Isso significa que, nesta parte da conversa, o coaching tem a ver com o coachee entender seus próprios valores e como aplicá-los a seus desafios de forma imediata. Este é o primeiro passo da conversa "Inspirar": valores.

Etapa Dois: Mudança — Visualizando a mudança

Outro conceito central importante na conversa "Inspirar" é enquadrado na psicologia positiva. Você está andando de bicicleta por uma colina íngreme e vê um buraco, talvez seja mais fácil focar o buraco. Você se preocupa em cair no buraco e no impacto que isso pode causar. Claro, quanto mais você foca o buraco, mais provável é que você caia nele. Isso ocorre porque você se move em direção àquilo que está imaginando. O certo a se fazer é concentrar-se em contornar o buraco. O mesmo se aplica em outras situações. Grandes jogadores de golfe visualizam a bola entrando no buraco, e grandes atores visualizam a plateia encantada com sua atuação.

A conversa "Inspirar" utiliza esse elemento da psicologia. Ao visualizar um futuro brilhante, o coachee se move em direção a esse desafio. Como coach, você poderá ajudar outras pessoas com a segunda etapa da conversa "Inspirar", M — Mudança, e observar essa mudança.

Etapa Três: Experimentos — Pequenos passos e experimentos

O elemento final da conversa "Inspirar" é a ideia de dar pequenos passos. Nossos cérebros são projetados para nos recompensar quando nos movemos em direção a uma meta. Ele faz isso por causa da dopamina química. A dopamina ajuda a garantir que você consiga atingir seus objetivos. Se quiser voltar no tempo e caçar um felpudo mamute, será uma longa jornada. Você precisará passar por muitas incertezas e sofrimento, mas a recompensa faz com que tudo isso valha a pena. Para ajudar, seu cérebro lhe dá uma recompensa química quando você dá um passo em direção ao seu objetivo. É por isso que objetivos vagos e ambíguos não são inspiradores. Para obter sua recompensa, você precisa ter atitudes positivas. Sua psicologia é construída para recompensar isto. Esta é a essência da mudança "Inspirar".

No vídeo da árvore que mencionamos anteriormente, o garoto começa tentando mover a árvore sozinho. Este é um pequeno passo. Não acrescenta muito em seu objetivo, porém cria movimento e impulso. Logo em seguida, dois meninos resolvem ajudá-lo. Outro pequeno passo. Ainda que não consigam mover a árvore, isso inspirou um novo pequeno passo. Desta forma, a visão que o menino tem é trazida lentamente para a realidade.

Portanto, a ferramenta final de coaching da conversa "Inspirar" se concentra no coachee definindo pequenos passos e experimentos — a etapa final da conversa "Inspirar" são os experimentos.

Então, o que aprendemos?

- A essência da mudança "Inspirar" é aprender a "desaprender" nossa tendência natural de atender às expectativas dos outros e, em vez disso, criar nossa própria visão sabendo a diferença que queremos fazer.
- Esta conversa possui três elementos:
    - I — Importância: Começando com valores
    - M — Mudança: Visualizando a mudança
    - E — Experimentos: Pequenos passos e experimentos

Inspirar 99

Talvez, a melhor maneira de entender o IME é utilizando outro exemplo.

Imagine que você esteja treinando Brian. Ele foi contratado para gerenciar um pequeno restaurante. O moral está baixo. O serviço é ruim. E lhe pediram para fazer uma mudança.

Por onde ele deve começar? Esse é um desafio clássico da conversa "Inspirar" — ajudar um líder a moldar sua visão para iniciar a mudança.

Como isso pode ajudar Brian?

I — Importância

Você pode sugerir que, diante desse grande desafio, Brian pode começar pensando no que é importante para ele. Acontece que os pais de Brian fizeram grandes sacrifícios para que ele pudesse ter uma ótima educação, às vezes trabalhando em três empregos. Isso deu a Brian um valor profundo em relação ao seu trabalho, se colocando em segundo lugar para poder ajudar outras pessoas a obter sucesso. Isso também enquadra sua visão de hospitalidade, para ele "o cliente sempre em primeiro lugar" não é apenas um slogan, mas uma crença profunda de que as pessoas vão até seu restaurante em ocasiões especiais, e por isso ele faz grandes esforços para garantir que eles tenham uma experiência memorável. Esses valores são pessoais para Brian, mas também, graças a eles, ele começou a moldar sua visão sobre o restaurante.

M — Mudança

No restaurante, Brian precisa rapidamente avaliar os desafios. Ele faz isso ouvindo seus funcionários e clientes. Mas ele não conseguirá inspirar sua equipe simplesmente afirmando que existe um problema: "Precisamos corrigir nossa cultura de prestação de serviço." Em vez disso, com a ajuda do coaching, ele procura aprimorar sua visão de "uma experiência personalizada de atendimento" e de um "local de trabalho do qual as pessoas não queiram sair".

E — Experimentos

No caso de Brian, ele não consegue motivar as pessoas somente com a sua visão. Parece idealista demais. Sua equipe precisa de pequenos desafios tangíveis. Então, ele passa para a etapa E, e define alguns experimentos a serem feitos. Ele começa com um simples, que envolve estabelecer uma meta de que cada garçom verifique cada mesa ao menos três vezes durante a refeição. Para que Brian possa demonstrar sua visão, ele precisa que os funcionários entendam pelo menos seu princípio. Ele também faz uma alteração nos horários dos turnos de trabalho, para garantir que seus funcionários tenham maior visibilidade sobre seus turnos e que eles não sejam chamados para trabalhar com pouca ou nenhuma antecedência.

Desvendando a conversa em alto nível: insights e modelos de coaching

Primeiro Passo: I — *Importância*: O que é importante para você?

Qual é o objetivo desta etapa?

Ajudar o coachee a encontrar seus principais valores — uma bússola por meio da qual possa guiar sua liderança e criar sua visão.

Por que é importante?

Sem a mudança que a conversa "Inspirar" proporciona, a vida assume o controle e as prioridades são definidas pelas tarefas diárias, expectativas e demandas nos negócios. Conectado a seus mentais essenciais, o mindset do coachee muda e ele se afasta dessas demandas do dia a dia e se torna inspirado, liberando assim a liderança para criar seu futuro.

Modelos e insights críticos

1. Valores: Identificando seus principais valores, observando o momento em que eles estavam vivos ou identificá-los usando:
2. Carta do Futuro: Uma ótima ferramenta para encontrar no seu futuro os valores que são importantes e assim identificá-los.

Seus principais valores e a carta do futuro

No kit de ferramentas do final deste capítulo, incluímos o exercício da "Carta do Futuro". Esta é uma ótima maneira de ajudar outras pessoas a encontrar seus principais valores, porque foi projetado para permitir que eles expressem o que é importante para eles, livres das preocupações de hoje em dia. Se você perguntar ao seu coachee qual é a visão dele, com frequência perceberá que sua visão é construída para resolver os problemas atuais. Isso ocorre porque os seres humanos naturalmente pensam sobre o que está errado e como resolver. Ao começar no futuro e olhar para trás, o exercício deve permitir que o coachee pense mais livremente sobre o que é importante para ele.

> **O que são os valores essenciais?**
> Nossos valores essenciais são os dois ou três valores pessoalmente importantes para nós. Eles geralmente surgem da nossa educação.
> Os valores típicos são:
>
> | | | | |
> |---|---|---|---|
> | Honestidade | Integridade | Lealdade | Amor |
> | Trabalho | Crescimento | Desafio | Competência |
> | Reconhecimento | Aceitação | Igualdade | Individualidade |
> | Diversão | Liberdade | Trabalho em equipe | Status |
> | Direção | Independência | Criatividade | |

Porém, essa atividade pode não funcionar para você ou para seu coachee! Existem muitas maneiras de se fazer isso, uma habilidade é identificar uma situação em que se sintam inspirados, no passado ou futuro imaginado, e perguntar: "O que é importante para você sobre isto?" Esta pergunta tem o poder de descobrir os valores do coachee.

Veja este exemplo de como o coach utilizou perguntas no exemplo que demos anteriormente para obter o mesmo efeito.

COACH: *Ok, pense em quando você começou neste trabalho. O que te chamou a atenção?*

COACHEE: *Eu estava orgulhoso de trabalhar em uma grande organização.*

COACH: *E o que é importante para você sobre isso?*

COACHEE: *Pensei que faria parte da criação de produtos que poderiam melhorar a vida das pessoas.*

COACH: *Mais alguma coisa?*

COACHEE: *Acho que queria trabalhar com pessoas em que eu realmente confiasse — e com isso ajudá-las a obter sucesso também.*

COACH: *Então, o importante para você era a capacidade de criar produtos que poderiam melhorar a qualidade de vida das pessoas, fazer parte de uma equipe de confiança e ajudar outras pessoas a obter sucesso. Isto ainda soa verdadeiro para você?*

COACHEE: *Acho que sim. Acabei perdendo isso de vista com a carga de trabalho.*

O importante é que qualquer diálogo dentro da conversa "Inspirar" comece com uma pergunta introspectiva sobre o que a pessoa deseja e sobre o que é importante para ela.

Segundo Passo: M — *Mudança*: Qual mudança você gostaria de fazer?

Qual é o objetivo desta etapa?

Ajudar seu coachee a construir uma visão da realidade atual para ele mesmo, para os outros e para seu trabalho, mantendo os valores essenciais em seu coração.

Por que é importante?

Criar uma visão lhe dá algo real para a qual avançar. E garantir que eles enfrentem a realidade atual garante que a visão pode ser motivadora e realista.

Modelos e insights críticos

1. **Elástico:** Este modelo ajuda a articular a realidade atual e a visão em três dimensões.

2. **Essência–Convívio–Negócios:** Essas três dimensões são essenciais em qualquer visão. Serve para explorar a mudança que o coachee precisa fazer dentro de si (Essência), nos seus relacionamentos (Convívio) e no trabalho (Negócios). Os três aspectos são importantes e trabalham em conjunto.

Elástico

Este passo é sobre visualizar a mudança. Você deve se lembrar de que a ideia central é que nós possamos nos mover em direção àquilo que visualizamos.

Uma das coisas mais importantes sobre isso é construir igualmente imagens claras do que eles querem e de como as coisas são hoje em dia. O autor e consultor de gerenciamento Robert Fritz usa a metáfora de um elástico para descrever isso (1989)[6]. Na metáfora, o elástico é esticado entre dois extremos. Em um extremo está a realidade atual. Ela representa uma honesta, aberta e compartilhada versão de como as coisas realmente são. Uma rica realidade atual incluirá não somente os resultados de negócios que precisam mudar, mas também os comportamentos e atitudes que contribuíram para esse resultado no passado.

A outra extremidade do elástico representa a visão — o emocionante senso de possibilidades futuras. Com isso, não queremos dizer a declaração bem elaborada de outra pessoa. Queremos dizer que uma visão está diretamente conectada ao seu coachee e ao seu senso de valores e possibilidades.

Se existe uma lacuna entre a realidade atual e a visão, isso cria energia. Esse é o momento pelo qual estávamos esperando.

Portanto, se a realidade atual e a visão estiverem muito próximas, a energia será muito menor. O elástico é flexível, porém sem motivação para estiramento. E, é claro, os dois extremos precisam estar firmes. Se faltar um deles, não haverá energia. Isto frequentemente acontece quando visões inspiradas são criadas sem um compromisso franco e compartilhado com a realidade atual.

Da mesma forma, se estiverem muito afastados, o elástico acaba se rompendo, e com isso a visão parece inacessível, e nenhuma energia é liberada.

A arte da mudança consiste em criar a quantidade certa de tensão no elástico. Isso significa que pode ajudar outros a desenvolver seu próprio senso de realidade — e visão.

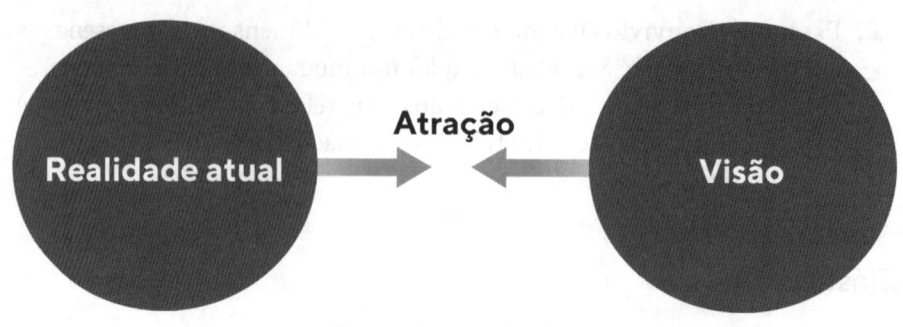

Figura 3-2: O elástico

Ambas as extremidades podem ser desafiadoras, mas por razões diferentes. O processo de construção de consenso em torno da realidade atual pode ser desafiador, pois cada indivíduo precisar procurar sua parte no problema.

> Por exemplo, um diretor começou a trabalhar em uma escola no centro da cidade. Os resultados eram claramente ruins, porém, quando ele perguntou à equipe sobre isso, ele percebeu que eles tendem a simplificar os resultados. ("Nossos resultados são praticamente o que se poderia esperar, considerando as crianças com quem trabalhamos" era um comentário típico.) Ele fez várias sessões de coaching durante meses para chegar ao ponto em que os funcionários não diziam apenas que o resultado poderia melhorar, mas também que, para fazer isso, eles teriam que mudar sua prática profissional.

Obviamente, uma realidade atual não cria impulso por si só a menos que o coachee encontre sua própria visão inspiradora.

Essência-Convívio-Negócios

Para uma visão sustentável de mudança, o coachee precisa pensar em três aspectos diferentes:

Essência: *O que há no seu coachee, no comportamento ou atitude dele que precisa ser mudado?*

Convívio: *Como seus relacionamentos ou interações com outras pessoas precisam necessariamente mudar?*

Negócios: *O que será necessário mudar dentro da organização de forma mais ampla?*

ESSÊNCIA
O que em mim, no meu comportamento, ou no meu mindset precisa mudar?

CONVÍVIO
Como posso mudar meus relacionamentos e interações com outras pessoas?

NEGÓCIOS
Qual legado eu gostaria de deixar para trás dentro da organização de forma ampla?

Figura 3-3: Essência, Convívio, Negócios

Grandes visões quase sempre possuem esses três aspectos. Isso porque os três aspectos estão interligados, e um quase sempre tem um enorme impacto sobre o outro.

Deixando de lado a Essência

O erro mais comum do coachee é deixar de lado sua "Essência". Eles falam sobre o que querem mudar e não sobre como precisarão mudar para chegar aonde querem. Existem dois grandes problemas quanto a isso:

1. Seu coachee perderá o maior estopim para a mudança! Por fim, a única coisa que podem mudar diretamente é o que fazem. Para todos os líderes que mudam seu próprio comportamento ou abordagem, esse pode ser um dos símbolos mais poderosos em seu arsenal.

2. Se o seu coachee dividir sua visão com outras pessoas sem falar sobre a mudança que ele precisa fazer, isso definirá um exemplo para outras pessoas. Os outros podem olhar para ele e pensar que, já que o coachee não está mudando, então por que eles deveriam mudar também?

A seguir, temos o exemplo de como um cliente que trabalha com ajuda internacional estruturou sua visão:

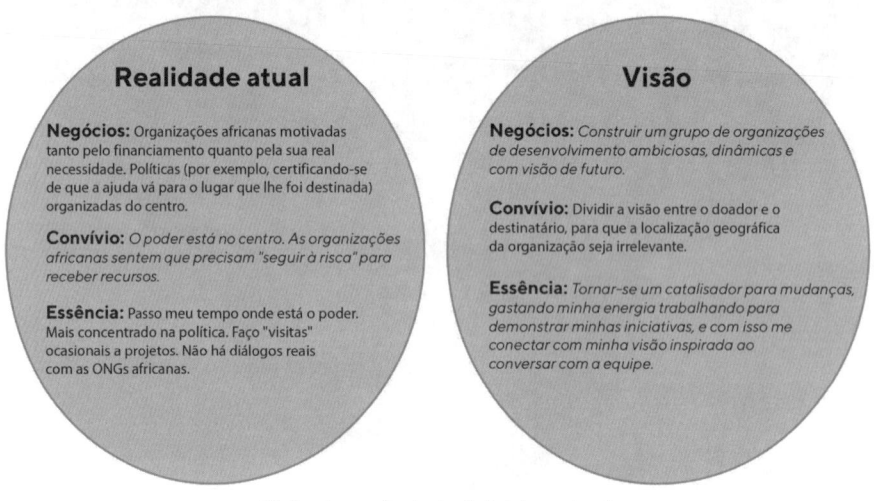

Realidade atual

Negócios: Organizações africanas motivadas tanto pelo financiamento quanto pela sua real necessidade. Políticas (por exemplo, certificando-se de que a ajuda vá para o lugar que lhe foi destinada) organizadas do centro.

Convívio: *O poder está no centro. As organizações africanas sentem que precisam "seguir à risca" para receber recursos.*

Essência: Passo meu tempo onde está o poder. Mais concentrado na política. Faço "visitas" ocasionais a projetos. Não há diálogos reais com as ONGs africanas.

Visão

Negócios: *Construir um grupo de organizações de desenvolvimento ambiciosas, dinâmicas e com visão de futuro.*

Convívio: Dividir a visão entre o doador e o destinatário, para que a localização geográfica da organização seja irrelevante.

Essência: *Tornar-se um catalisador para mudanças, gastando minha energia trabalhando para demonstrar minhas iniciativas, e com isso me conectar com minha visão inspirada ao conversar com a equipe.*

Visões de um cliente da ajuda internacional

Figura 3-4: Exemplo de visão

Realidade atual

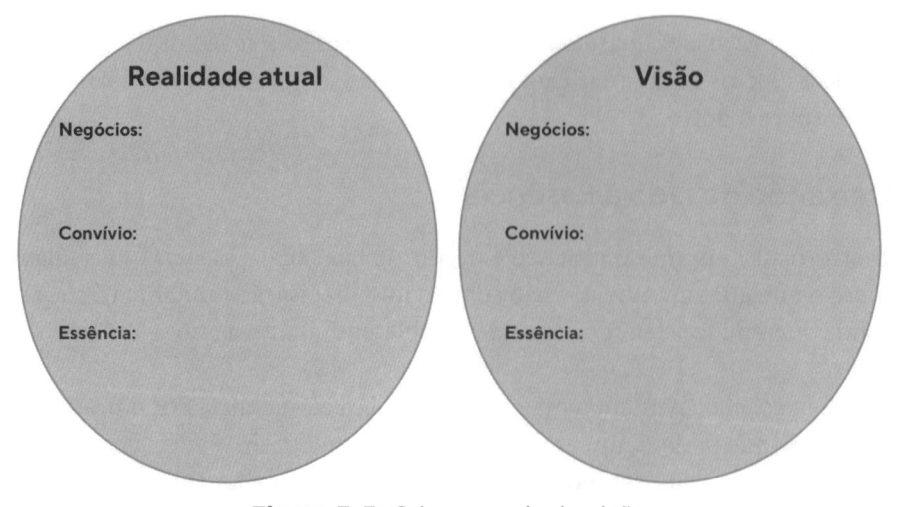

Negócios:

Convívio:

Essência:

Visão

Negócios:

Convívio:

Essência:

Figura 3-5: Crie sua própria visão

No nosso exemplo de conversa de coaching, o coach utiliza a ferramenta Elástico de forma direta:

COACH: *Parece que você sabe o que quer, mas acabou perdendo isso de vista. Isso acontece com todos nós. Você está pronto para seguir em frente e olhar para a visão da diferença que gostaria de fazer na empresa? Recuperar seu senso de propósito?*

COACHEE: *Eu acho que seria útil.*

O coach fala um pouco sobre como as melhores visões são como elásticos. Eles descrevem a realidade atual e a visão para mudança. O coach, logo em seguida, pede que o coachee gaste alguns minutos refletindo sobre seu próprio "Elástico".

COACH: *Então, como você se saiu?*

COACHEE: *Muito bem. Minha visão é que realmente focamos fazer produtos que os clientes precisam. Sinto que estamos presos em melhorias incrementais, e também percebo que a liderança é grande parte da minha visão. Tenho negligenciado isso. Gostaria de ser um mentor para outras pessoas e montar uma equipe incrível.*

COACH: *Isso é realmente importante. Todos nós precisamos dar um passo atrás, de tempos em tempos, para que fique clara a mudança que gostaríamos de fazer. Caso contrário, a pressão das metas e os problemas da vida cotidiana assumem o lugar da mudança.*

Terceiro Passo: E — *Experimentos*: Quais pequenos passos você pode dar?

Qual é o objetivo desta etapa?

Criar etapas tangíveis e acionáveis que possam mover nosso coachee em direção à sua visão.

Por que é importante?

Roma não foi construída em um dia. Visões não são alcançadas da noite para o dia. Seu coachee precisará dar pequenos passos, aprender e perseverar. Aprender e experimentar são coisas fundamentais, sempre voltando aos nossos valores e visões para guiar nossa jornada.

Modelos e insights críticos

Experimentação e aprendizado se tratam de pequenos passos, aprendendo um pouco de cada vez e assim dando novos passos em direção à visão.

Isso significa que, embora todas as etapas da conversa "Inspirar" sejam importantes, elas têm funções diferentes. Valores mostram aos clientes o que é importante para eles, e a visão lhes permite visualizar a mudança que querem. Mas, sem os experimentos, eles não teriam avanço.

Experimentos e ciclo de aprendizado

Como discutimos anteriormente, pequenos passos práticos criam impulso. Alcançar esses pequenos objetivos oferece uma recompensa química que motiva a continuar.

Um bom experimento costuma ser empolgante e parece arriscado (geralmente é assim que podemos dizer que estamos aprendendo). Se funcionar, seu coachee terá aumentado o avanço em direção ao objetivo. Caso contrário, eles continuarão aprendendo e com isso terão mais clareza sobre o que pode funcionar.

O ciclo de aprendizado mostra como os experimentos são uma parte central do processo de aprendizagem. Se o coachee estiver claro sobre seu propósito (a mudança que ele precisa fazer) e rigorosamente continua experimentando e dando a volta no ciclo, mudanças mais notáveis serão possíveis.

Então, como isso funcionou na conversa que demos como exemplo?

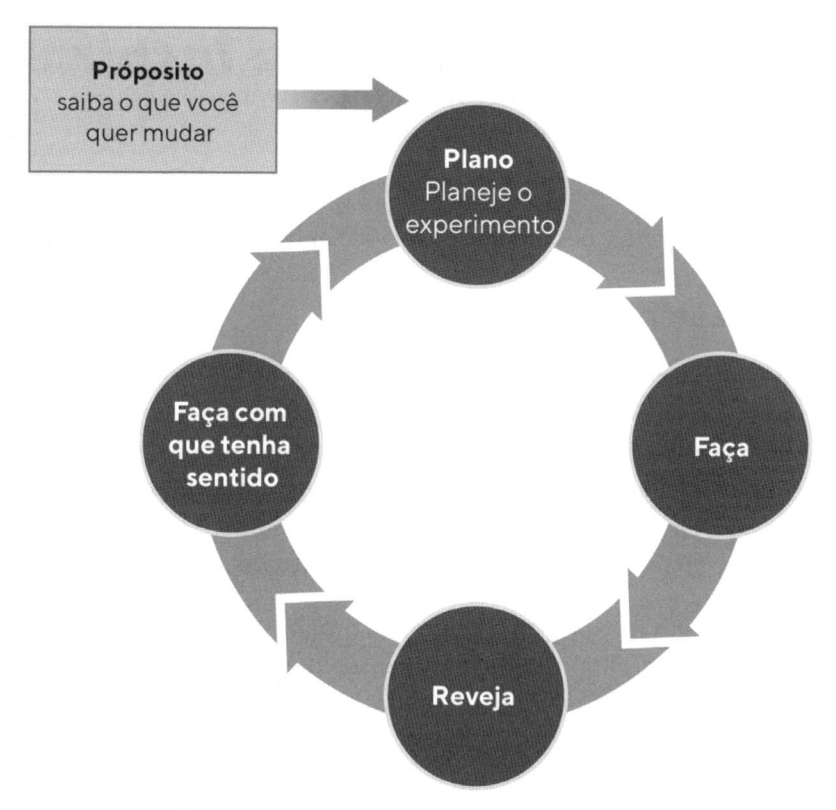

Figura 3-6: Ciclo de aprendizado em ação

O coach simplesmente pediu ao coachee que identificasse experimentos práticos:

COACH: *Tendo refletido sobre sua visão e realidade atual, quais serão os seus primeiros passos?*

COACHEE: *O primeiro passo é trazer a equipe para a visão e compartilhar a minha. Então vou tentar estabelecer algum tempo para conversar com cada membro da equipe.*

COACH: *Quando você fará isso?*

COACHEE: *Bem, posso marcar uma reunião com a equipe na próxima semana. Podemos falar sobre como trabalhamos e sobre como podemos nos aventurar mais na hora de lançar um produto.*

Aplicando a Conversa *Inspirar*

Aplicando em outras situações

Estas são outras situações em que você pode aplicar a conversa "Inspirar":

1. Marca autêntica

Quando um coachee deseja explorar sua marca, é útil começar pelos valores. Quem são e o que é importante para eles? Mas, no segundo passo, em vez de moldar uma visão para a mudança que querem, eles podem explorar uma visão, moldando o tipo de líder e ser humano que eles querem ser.

2. Liderando equipes ou liderando mudanças

Como na história de Brian no restaurante, moldar e compartilhar uma visão inspiradora que seja importante tanto pessoalmente como para o sucesso da empresa é fundamental para ganhar adesão e um senso de propósito compartilhado. Isso cria a identidade da equipe.

Às vezes, pode ser útil trabalhar com as etapas do IME em equipe, dedicando tempo/espaço a grupos menores ou pares ao explorar o futuro ou valores. Você pode estruturar uma reunião de equipe para explorar as etapas do IME:

> I: Todos refletem sobre o que é importante para eles, seja por meio do diálogo, seja por meio de uma atividade como escrever e compartilhar o que foi escrito. Com isso, identificamos, nomeamos e compartilhamos nossos valores que emergem.
>
> M: Juntos, criem uma visão sobre a "Essência" e sobre "Negócios". Como nos relacionamos e como é nossa visão de relacionamento (Convívio)? O que nós queremos criar para nossa empresa? O que seria o sucesso? Onde estamos agora (Negócios)?
>
> E: Faça experimentos com Essência, Convívio e Negócios em grupo, e assim desenvolva uma direção para a visão recém-criada.

3. Grandes escolhas

Quando alguém se encontra em uma encruzilhada na vida, os valores podem ser seus guias que apontam para seu verdadeiro caminho. Portanto, as etapas do IME são uma ótima ferramenta para descobrir o que é importante e criar uma visão que abre o caminho de alguém.

4. Liderar na incerteza

Hoje, os líderes se deparam com uma enorme quantidade de incerteza. A conversa "Inspirar" pode desbloquear a liderança necessária durante momentos de incerteza. Comece identificando uma situação em que eles se sintam incertos ou retidos. Então, observe quais valores são importantes para eles (Primeiro Passo). O coaching pode então explorar que diferença eles gostariam de fazer e a visão que eles gostariam de ter (Segundo Passo). Por fim, explore os experimentos tangíveis que eles poderiam fazer para começar a responder de maneira diferente (Terceiro Passo).

5. Crise da meia-idade

Essas situações podem ser muito difíceis. Na nossa experiência, essa situação ocorre quando uma pessoa atinge certos objetivos (carreira bem-sucedida, filhos saindo de casa). Este é um sintoma da realidade atual que não está mais funcionando e precisa mudar. De repente, ocorre a perda de significado. "Para que serve tudo isso?" é uma pergunta que surge. É um ponto de virada crítico e uma oportunidade, mesmo que não se sintam assim. Trabalhar com a conversa "Inspirar" pode ajudar alguém a se reorientar para a próxima fase de sua vida. Guiado por valores (talvez novos valores que são mais importantes que os antigos) e deixando de lado os "hábitos antigos" que não funcionam mais, uma nova visão pode ser criada a partir da realidade atual que acaba se alinhando com a próxima fase da vida. É a morte dos antigos e o nascimento de novos hábitos para criar um propósito e significado. As experiências que realizarão serão importantes para tornar sua visão real.

A estrutura da conversa "Inspirar" é muito confiável, mas pode ser que você tenha que variar as perguntas e focar, dependendo da situação. Em todos os exemplos, a sequência permanece a mesma.

O impacto nos negócios

Em um mundo volátil, onde as carreiras não são mais lineares e a liderança é menos sobre executar uma estratégia definida e mais sobre ser proativo em resposta a um ambiente dinâmico, a conversa "Inspirar" está se tornando cada vez mais importante. Também podemos ver parte disso em pesquisas que mostram que as pessoas jovens estão cada vez mais buscando significado em seu trabalho. Da perspectiva de uma empresa, precisamos de mais líderes genuinamente conectados com seus valores.

"Liderança servil", por exemplo, que é categorizada pela autenticidade e liderança baseada em valores, gera comportamentos mais positivos e construtivos nos funcionários e traz maiores sentimentos de esperança e confiança, tanto no líder quanto na organização.[7]

Precisamos de mais empresas lideradas pela cultura de valores. Pesquisas mostram que:

> *A liderança baseada em valores, se praticada com senso de responsabilidade e integridade, pode aumentar a produtividade e criar uma cultura transparente e aberta... Os valores do líder se tornam o ponto de referência para que seus seguidores possam se comportar da mesma maneira... Os valores do líder criam uma cultura de como as coisas podem ser feitas. Algumas respostas indicaram que o sistema de valores tem maior impacto na eficácia da organização.*[8]

Richard Barrett, aclamado como um dos pensadores mais profundos dos dias atuais e membro da Royal Society Of Arts (FRSA), mapeou mais de 2 mil organizações do setor público e privado durante os últimos dez anos em mais de sessenta países, e declarou categoricamente que "organizações baseadas em valores são as mais bem-sucedidas do planeta".[9]

O estudo de John Zenger e Joseph Folkman de 20 mil pesquisas de feedback com executivos descobriu que a competência mais influente nos líderes era a liderança inspiradora.[10] Em seu livro, *The Extraordinary Leader*, eles escreveram: "Encontramos fortes relações entre a eficácia da liderança e uma variedade de resultados comerciais desejáveis, como lucratividade, rotatividade, comprometimento dos funcionários, satisfação do cliente e intenção dos funcionários de não sair da empresa".[11]

Praticando e aplicando em si mesmo

Primeiro Passo: Importância

No texto nos referimos à "Carta do futuro". Vamos explorar como essa ferramenta pode contribuir para moldar e refinar os valores.

Carta do Futuro

Encontre um lugar onde você se sinta relaxado e longe de distrações. Escolha um tempo específico, mas que seja longe o suficiente para que você ainda possa sonhar, imaginar e estar aberto às possibilidades que te aguardam. Muitas pessoas acham mais fácil escolher uma data importante para elas (por exemplo, daqui a dez anos ou um marco como aposentadoria, uma data de aniversário etc.). Imagine um futuro em que você tenha cumprido todos os seus objetivos. Observe quem e o que está por perto.

Agora, imagine que você possa antecipar esse momento, como se estivesse lá.

Quanto mais você entrar no modo de como as coisas estão, melhor: o que está acontecendo, o que está ao seu redor, como você se sente, o que isso significa para você, quem está com você, quem não está, os relacionamentos e experiências que você teve, os objetivos que alcançou.

Agora, ainda no futuro, imagine sua resposta para as seguintes questões:

1. Como tem sido a experiência até agora?
2. Pelo que você é lembrado? Quais tipos de lembranças e histórias farão as pessoas lembrar de você?
3. O que você representou? O que as pessoas diriam sobre sua liderança?
4. Qual é o seu legado? Quais foram as maiores mudanças que você foi capaz de fazer?
5. Como as pessoas descreveriam a cultura e os relacionamentos que você deixou para trás?
6. Quais obstáculos você conseguiu superar?

Agora pegue papel e caneta. Escreva uma carta para você.

Exercícios Reflexivos

Releia sua carta. Quais pistas ela fornece sobre seus valores fundamentais? O que lhe dá significado e propósito?

Quando vivemos nossos valores e propósitos, nos sentimos no controle da vida. Reflita sobre seus propósitos nos dias de hoje — até que ponto você se sente no caminho certo?

Qual insight esta carta fornece sobre o que é importante para você agora e no futuro?

Segundo Passo: Mudança

Tente criar seu próprio elástico, é uma ótima estrutura para quando estiver na etapa dois da conversa de coaching.

Complete o elástico com a realidade atual e a visão.

Verifique se, para cada ponta, você está descrevendo a Essência, o Convívio e os Negócios.

Realidade atual

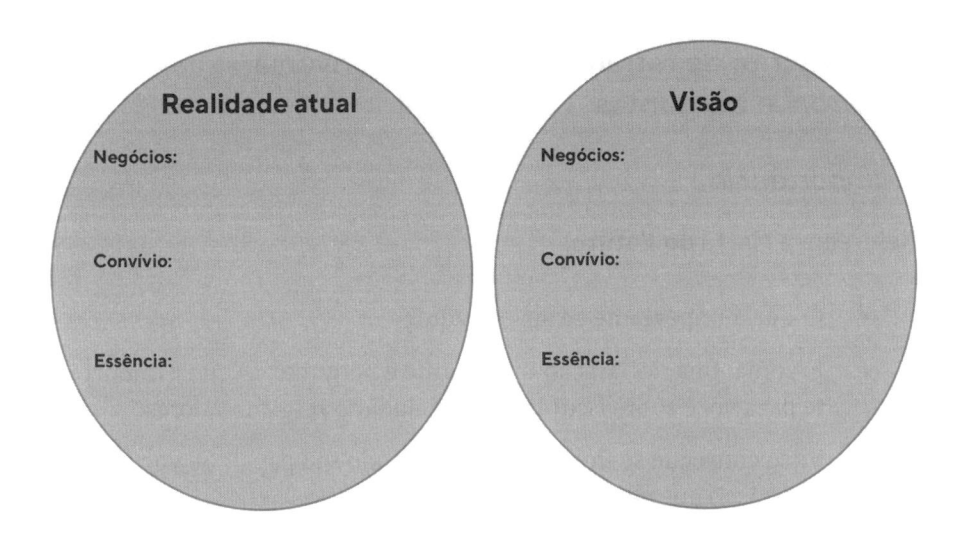

Negócios:

Convívio:

Essência:

Visão

Negócios:

Convívio:

Essência:

Não deixe de utilizar todas as palavras que você disser até o final. Quanto mais clara a imagem, mais tensão você terá no elástico.

Depois de concluir, observe como você se sente. Onde você acha que precisa focar sua atenção?

Terceiro Passo: Experimentos

Quais próximos passos (experimentos) você deveria fazer para trazer a visão para perto de você?

Quando você fará isso?

Como você sabe que esses passos podem ser bem-sucedidos?

Aplicando no coaching: outras grandes questões de coaching

Além das perguntas acima, existem outras perguntas que podem ser úteis no coaching:

Um conjunto de ferramentas para a conversa *"Inspirar"* e perguntas

I — Importância

(Referente à Carta do Futuro)

- O que é importante para você aqui?
- Escolha uma declaração importante e pergunte: O que é importante para você sobre isso? Isso pode ajudar a resgatar valores.
- Você consegue se imaginar completando seu papel? Se você voltasse atrás, o que gostaria de ver?
- Quais são suas esperanças?
- O que você quer?
- Como esses valores se conectam aos valores de sua organização ou negócios? (Essa é uma pergunta poderosa — pelos nossos valores principais descobrimos que a conexão com a organização é mais pessoal, e, portanto, isso é poderoso para criar alinhamento dentro da empresa.)

Você pode tentar fazer essas perguntas durante qualquer conversa em que o coachee ache que inspirar é a lacuna. E, com isso, o coachee entenderá o que é importante para ele.

O exercício logo acima, da carta do futuro, é uma ferramenta realmente útil, e a usamos muitas e muitas vezes. Outra ferramenta semelhante é pedir para seu coachee imaginar o que as pessoas poderiam dizer sobre ele em sua festa de aposentadoria ou em seu funeral.

M — Mudança

Obviamente, o coachee pode refletir e criar uma visão da Essência, do Convívio, dos Negócios na realidade atual como foi feito anteriormente. Mas se você não possui esse luxo e quer chegar lá por meio da conversa, aqui vão algumas perguntas:

- O que mudará se você alcançar sua visão?
- Como você se sentirá quando alcançá-la?
- Como sua experiência e relacionamento com outras pessoas mudará?
- Como você será diferente?
- Como você descreveria a realidade atual? (Você pode perguntar isso na etapa Essência, Convívio, Negócios)

E — Experimentos

- Como você celebrará seu sucesso?
- Como você aprenderá com o que não deu certo?
- Com qual destes você se sente capaz de se comprometer?
- Como você saberá que conseguiu?
- De qual suporte você precisa?

Resumo

A conversa Inspirar:

- É ótima para ajudar outras pessoas a esclarecerem quem elas querem ser e o que elas precisam mudar;
- Trata-se de se afastar daquilo que os outros esperam de você e encontrar um propósito significativo.
- Envolve três passos:
    - *Importância*: O que é importante para você aqui?

        Ao pensar no que é importante para eles, seus coachees serão capaz de desvendar os valores fundamentais e adquirir uma sensação de finalidade.

    - *Mudança:* Que mudança você imagina?

        Visualizando o futuro que deseja, o coachee libera energia natural, que faz com que ele lidere essa visão.

    - *Experimentos:* Quais pequenos passos práticos você pode fazer para avançar?

        Ao definir esses passos, seu coachee está comprometido e motivado, e com isso pode avançar em direção à sua visão.

Essa conversa pode ser explorada por semanas — ou concluída em alguns minutos em uma conversa perto do bebedouro. Ambas são válidas. Mas a sequência sempre será a mesma. *O que é importante para você aqui? Quais mudanças gostaria de fazer? Qual pequeno passo gostaria de dar para se aproximar de seu objetivo?*

Capítulo **4**

Pensar

ENTENDENDO E IDENTIFICANDO A CONVERSA

- Introdução
- Quando podemos usar esta conversa?
- O que o coachee pode dizer?
- Como reconhecer a mudança nesta conversa?

A CONVERSA *PENSAR*

- Uma amostra da conversa em ação
- Desvendando a conversa em alto nível: cinco passos para observar
- Desvendando a conversa em alto nível: insights e modelos de coaching:
  - Primeiro Passo: *Desafiar*
  - Segundo Passo: *Buscar*
  - Terceiro Passo: *Testar*

Quarto Passo: *Criar*

Quinto Passo: *Conquistar*

APLICANDO A CONVERSA *PENSAR*

Aplicação em outras situações

O impacto nos negócios

Praticando e aplicando em si mesmo

Aplicando no coaching: outras grandes questões de coaching

Questionário de Diagnóstico da Conversa Pensar

RESUMO

Entendendo e identificando a conversa

Introdução

Quando alguém precisa encontrar novas ideias ou soluções criativas

Na Introdução, demos o seguinte exemplo:

> Imagine que um gerente de fábrica procure você para obter apoio. Ele foi desafiado a aumentar a eficiência e cortar gastos, e as ideias geradas até agora parecem obsoletas. Ele quer alguma ajuda para sair dessa "rotina".

Como você responde? Como pode treiná-lo mediante ao desafio que ele enfrenta para que possa pensar de maneira diferente e, portanto, criar ideias genuinamente inovadoras?

Neste capítulo, exploraremos a resposta.

A conversa de coaching "Pensar" é sobre dar um passo atrás, ter uma visão geral e desenvolver ideias novas e diferentes. Trata-se de ver a situação de uma perspectiva mais estratégica, buscar novos insights ou novas perspectivas e apresentar uma forma de pensamento genuinamente inovadora.

Uma metáfora que representa a conversa "Pensar" se encontra na história de Steven Covey, parafraseada aqui:

> Um grupo de soldados está abrindo caminhos pela selva. É um trabalho árduo e exaustivo e o sargento reveza os soldados constantemente, e com isso revezam o primeiro lugar da fila. Um soldado — o capitão — sai da fila por alguns minutos e sobe em uma árvore. "Estamos na selva errada!", grita ele, após perceber que as tropas estão indo para o lugar errado.[1]

A mudança de mindset na conversa "Pensar" é sobre treinar outras pessoas para saírem do "pensamento lateral" para que elas possam subir na árvore metafórica com curiosidade e abertura, a fim de encontrar novas ideias e soluções que desafiam a forma como enxergam o mundo.

Existem muitas formas de aplicação que abordaremos no final do capítulo.

A chave para a conversa "Pensar" é perceber que isso envolve outros termos da neurociência fora do "pensamento lateral". Em outras palavras, o coachee reconhece que seu pensamento se tornou habitual ou fixo, e que ele precisa se livrar disso e pensar de outra forma.

Para visualizar o pensamento habitual, imagine-se entrando em seu carro para fazer uma curta viagem. Você não precisa pensar em como dirigir — seu corpo sabe como dar partida no motor, engatar a marcha e assim por diante. Em muitos casos, se a viagem for local, você provavelmente já sabe qual é a melhor rota. Ao longo dos anos, você aperfeiçoou sua eficácia e comprometimento nessa tarefa. Chamamos isso de *Pensamento Verde*. O Pensamento Verde tem a ver com domínio, eficácia e eficiência. Ele usa experiência para aprender e adota a forma mais eficaz para se fazer algo. Na maioria dos casos, é realmente eficaz. Haveria pouco sentido, por exemplo, em escolher o equipamento errado ou seguir na direção errada. A maioria das pessoas sabe que isso não ajuda.

Mas, de vez em quando, nossos coachees encontrarão uma situação em que o pensamento verde não os levará aonde realmente precisam estar. Os soldados de Covey são um ótimo exemplo disso. Nessas situações, devemos substituir o pensamento verde pelo *Pensamento Azul*. O pensamento azul é sobre ser curioso, sempre dando um passo atrás, desafiando todas as regras, observando as coisas com novas e diferentes perspectivas. O pensamento azul adota uma perspectiva melhor e muitas vezes nos leva a soluções diferentes.

Mas se soubéssemos quando usar o pensamento azul, a vida seria mais fácil.

A diferença entre os bons inovadores e os grandes pensadores não é apenas a capacidade que eles possuem ao usar o pensamento azul, mas sim a capacidade de identificar o momento certo para utilizá-lo.

Como você pode ajudar alguém a reconhecer que precisa do pensamento azul? Geralmente, seu coachee, ou alguém ao redor deles, terá percebido alguns sinais, mas geralmente eles os ignoram e continuam sua rotina normalmente. Para saber quando necessitam do pensamento azul, eles precisam parar por um momento e perceber o que estão sentindo e vendo. Talvez, eles se sintam frustrados com tal situação. Muitas vezes, os sentimentos são a melhor forma de a mente inconsciente sinalizar que algo está acontecendo.

Em outras situações, eles não sentirão isso. Neste caso, você, enquanto coach, precisa segurar o espelho para que eles possam ver que se encontram presos em um "barranco" e com isso têm a possibilidade de usar o pensamento azul.

Quando podemos usar esta conversa?

Os tópicos mais comuns da conversa "Pensar" são:

Treinar outras pessoas para que elas possam sair do "pensamento lateral" e observar os problemas de forma mais ampla e criativa.

Problemas recorrentes
"Nós tentamos de tudo e não conseguimos encontrar uma solução para x."

Pensamento estratégico
"Sou tático demais para tomar decisões, e preciso aprender a pensar de forma mais ampla."

Inovação
"Eu preciso pensar sobre novos produtos para oferecer aos clientes."

Pensamento criativo
"Me disseram que preciso ser mais criativa."

Pensar tópicos e desafios

Alguns exemplos comuns da conversa de coaching **Pensar**

Figura 4-1: Pensar: tópicos e desafios

O que o coachee pode dizer?

Na conversa "Pensar" podemos ouvir coisas como:

- Falta de compreensão do cliente e incapacidade de realmente pensar através das lentes do usuário final.

- Generalização ou suposição sobre como um problema ou situação deve ser resolvido.

- Falta de criatividade, uma tendência que mostra pensamento limitado sobre como resolver problemas.

- A necessidade de um insight, de querer abordar um novo pensamento ou novo entendimento.

- Sentimento de frustração sobre como as coisas não estão funcionando atualmente.

Como reconhecer a mudança nesta conversa?

A conversa "Pensar" é sobre a necessidade de sair do nosso pensamento atual. Procurar situações em que os coachees têm dificuldades para obter novas ideias, ou uma situação onde as soluções parecem não chegar. Muitas vezes, os coachees virão até você falando sobre o assunto. Eles também podem vir até você com novas ideias, mas você verá que os pensamentos deles são fechados ou habituais. Em vez de dar soluções ou ideias, treinar seu coachee utilizando a conversa "Pensar" pode ser algo muito poderoso.

A Conversa Pensar

Uma amostra da conversa em ação

Então, como um ótimo coach pode abordar o gerente de fábrica do início do capítulo? O gerente de fábrica começa dizendo: "Nós promovemos eficiência em economia por dezoito meses... Eu não tenho certeza se existe algo mais que possa ser feito. Preciso de ajuda para pensar de forma diferente." O coach concorda em explorar isso com ele.

Parte Um: O estágio Desafiar

O coach começa pedindo que ele liste os problemas da fábrica.

> COACH: *Sobre o que as pessoas reclamam? Escolha uma ou duas frustrações que, se resolvidas, podem gerar ganhos de eficiência.*
>
> COACHEE: *Bem, frustrações comuns incluem perda de comunicação devido à troca de turnos ruins e alterações de clientes em curto prazo.*
>
> COACH: *Qual você acha que pode ser um bom lugar para gerar ganhos de eficiência?*
>
> COACHEE: *Ambos são problemas antigos, mas se eu fosse escolher um eu diria a falta de comunicação na troca de turnos. Frequentemente, o turno que está de saída está cansado e*

não comunica os problemas de forma completa, causando problemas para o turno que está entrando.

Coach: Ok, qual pergunta você poderia fazer para mudar isso?

Coachee: Como podemos tornar as trocas de turnos mais eficazes?

Parte Dois: O estágio Buscar

O coach continua explorando como ele pode coletar novos dados ou perspectivas.

Coach: Quem poderia ter algumas perspectivas interessantes sobre isso?

Coachee: Eu poderia conversar com os membros da equipe, sobre o turno que melhor faz a troca.

Coach: E fora dos negócios, por exemplo, alguém de outra fábrica ou de outro setor?

Coachee: Eu tenho um amigo que começou a administrar uma fábrica, em um segmento que é reconhecido por sua eficiência. Posso falar com ele.

Coach: Ótimo. O próximo passo pode ser explorar a mudança na troca de turnos falando com seu amigo e praticando essa mudança.

O gerente da fábrica sai da discussão com uma série de pesquisas para fazer.

Parte Três: O estágio Testar

Algumas semanas depois, o gerente retorna.

Coach: O que você aprendeu com sua pesquisa?

Coachee: Uau, foi realmente interessante. Nós nunca paramos para apenas perguntar. Todo mundo parece ter grandes ideias, mas nós acabamos frustrados quando ninguém escuta. Uma coisa importante que aprendi é que membros da equipe se sentem menos leais às pessoas de outros turnos do que às pessoas do seu horário. Isso significa que suas entregas são desleixadas, o que ocasiona em trabalho extra para a equipe que está entrando.

COACH: Por que os membros da sua equipe sentem menos lealdade às pessoas de outros turnos?

COACHEE: Porque eles não se conhecem tão bem.

COACH: E por que eles não se conhecem tão bem?

COACHEE: Porque eles nunca falaram diretamente um com o outro.

COACH: Por que isso acontece?

COACHEE: Porque não há possibilidade de conhecer pessoas de outros turnos.

Parte Quatro: O estágio Criar

COACH: O que podemos fazer sobre o fato de que os gerentes não conhecem as pessoas dos outros turnos?

COACHEE: Bem, é complicado, pois não temos tempo para conhecê-los devido ao horário que as pessoas trabalham.

COACH: Isso parece desafiador. As pessoas precisam se conhecer e não há oportunidade para isso. O que poderia ser possível? Pense como outras pessoas poderiam resolver esse problema. Pessoas em fuso horário diferentes. Ou até mesmo seus filhos.

COACHEE: Isso é interessante. Meus filhos trocam vídeos entre si. Poderíamos pedir aos membros da equipe que fizessem um vídeo de dois minutos em seu telefone, compartilhando qualquer coisa que tenha acontecido em seu turno, talvez até uma história pessoal. Essa poderia ser uma ótima maneira de eles se conectarem uns aos outros.

COACH: Ótimo! O que precisa acontecer agora?

COACHEE: *Temos nossa reunião trimestral com o gerente da fábrica. Posso propor a ideia, receber algum apoio e ver como podemos experimentar isso juntos.*

Parte Cinco: O estágio Conquistar

O coach checará o progresso. Boas ideias nunca são perfeitas quando aplicadas pela primeira vez. Então, a conversa de coaching se concentrará em fazer o coachee refletir sobre o que está ou não está funcionando e como melhorar isso. Mesmo que a ideia não funcione de primeira, será mais fácil revisar os dados, revisar o problema e surgir com novas soluções.

Desvendando a conversa em alto nível: Cinco Passos para Observar

Então, o que está acontecendo aqui?

A melhor maneira de entender a conversa "Pensar" é saber que você está efetivamente treinando seu coachee para que ele saiba procurar novos insights e ideias.

Então, o que queremos dizer com saber onde procurar?

Grandes pensadores inovadores ou estratégicos têm uma constante insatisfação com os níveis atuais de desempenho e isso gera uma curiosidade enorme parar encontrar formas de melhorar isso. Como diz o grande inventor James Dyson: "Como todos, ficamos frustrados com produtos que não funcionam corretamente. Enquanto designers, fazemos algo a respeito. Trabalhamos com invenção e melhoria."[2]

Para fazer isso, eles precisam mudar o foco. Eles precisam conhecer os detalhes ou os "números" e entender as causas do mal desempenho. Mas eles também precisam observar atentamente o que está acontecendo no mercado — para ver qual é o quadro geral e saber onde intervir. Na verdade, existem cinco lugares críticos para procurar e cada um deles possui um pensamento atribuído.

ONDE PROCURAR Atributos	Pensamento Mediano	Pensamento Inovador
DESAFIAR **Como Desafiar o Status Quo**	Aceita as coisas do jeito que são. Visualiza tentativas de melhorar o desempenho como "isso é o melhor que podemos fazer". Experimenta uma tensão entre "o serviço do dia" e "encontrar tempo para pensar sobre o futuro".	Nunca se sente feliz com suposições e continua tentando encontrar novos meios de pesquisa para melhorar os negócios. Conscientemente arranja tempo para ficar curioso, recuar, pensar de forma mais ampla e refletir sobre o quadro geral.
BUSCAR **Questionar**	Possui opiniões fortes sobre uma ou duas coisas que poderiam mudar. Sofrendo com a pressão dessa tarefa, não consegue ganhar tempo para aprender e explorar.	Observa todos os ângulos em busca de um potencial para melhorias e procura por novos experimentos. É curioso e investe seu tempo em tentar compreender melhor. Frequentemente procura saber a visão de outras pessoas sobre o problema.
TESTAR **Analisar**	Testa novas ideias sem analisar seu impacto. Frequentemente tenta procurar por novas soluções para o mesmo problema.	Chega à causa raiz do problema e passa a entendê-la de um ponto de vista sistêmico. Arruma tempo para pensar.
CRIAR **Resolver**	Tende a gastar muito tempo procurando pela solução "correta" ao invés de agir. Impede outros de agir ou fazer mudanças.	Encontra uma solução simples para um problema complexo. Vê um caminho para poder entrar em ação e avançar, criando experimentos.

CONQUISTAR Perseverar	Abandona e se desanima após uma ou duas tentativas falhas de melhorar algo.	Persevera com o problema e com experimentos, revisa continuamente, aprendendo e buscando pela solução correta. Não deixa as coisas de lado, mesmo quando elas não dão certo pela primeira vez.

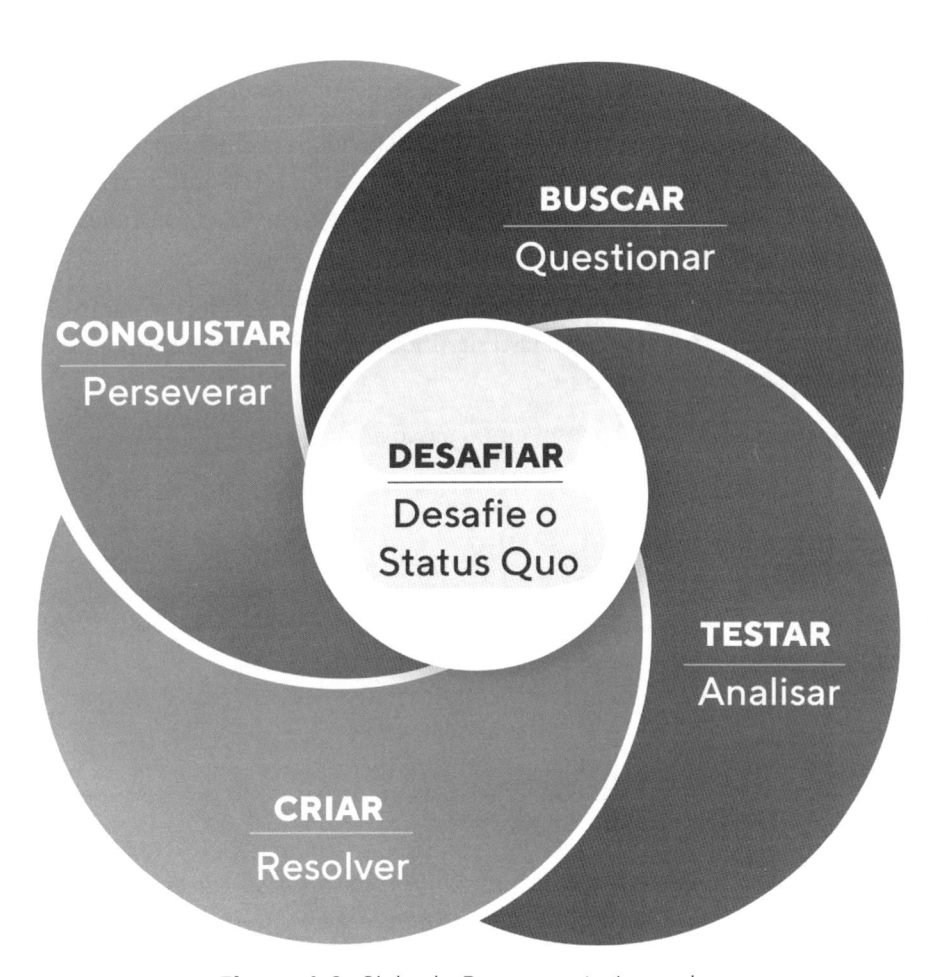

Figura 4-2: Ciclo do Pensamento Inovador

Desvendando a conversa em alto nível: insights e modelos de coaching

O segredo da conversa "Pensar" é o *Ciclo do Pensamento Inovador*. O ciclo do pensamento é um facilitador para seu coachee poder observar cada um desses passos na ordem correta. E a ordem é crítica.

Primeiro, você precisar *desafiar* o status quo.

Então, você precisa *buscar* uma variedade de desafios e perspectivas.

Então, você precisa *testar* os detalhes para encontrar a causa raiz e desenvolver uma hipótese.

E finalmente, você precisa *criar* uma solução antes de agir.

E, se o problema não for totalmente resolvido, o ciclo é repetido. Uma parte crítica é a "peça perseverante", que *conquista*, ajudando o coachee a segurar a tensão para que ele não perca a paciência diante dos contratempos, enquanto espera por feedbacks e novas ideias.

Cada coachee terá diferentes pontos fortes e fracos na forma como eles pensam em relação a este ciclo. Isso significa que eles podem ficar presos ou subestimar certas partes do ciclo.

A conversa "Pensar" possui cinco passos:

1. *Desafiar*
2. *Buscar*
3. *Testar*
4. *Criar*
5. *Conquistar*

Enquanto coach, você pode usar perguntas para que o coachee possa explorar cada passo, com o objetivo de inovar.

Nota: No final deste capítulo, há um simples questionário que você pode usar com seu coachee para ajudá-lo a estabelecer em qual parte do ciclo ele geralmente fica preso.

Primeiro Passo: *Desafiar* — Como desafiar o status quo

Qual é o objetivo desta etapa?

Desafiar a forma como o coachee pensa sobre um problema, e mover seu pensamento do pensamento verde para o azul, deixando-o curioso com a pergunta correta.

Por que é importante?

Sem conhecer os hábitos do pensamento verde, é impossível procurar a causa de um problema de forma mais ampla. A mudança é do pensamento habitual, que tem seu lugar, para ficar curioso e aberto a desafiar a norma.

Modelos e percepções críticas

- Exercício um: Das frustrações para o pensamento azul.
- Exercício dois: Definindo perguntas

O que nos impede de desafiar?

1. A armadilha da razão

A maioria dos problemas não é nova. Recursos já foram testados e os padrões atuais existem por um motivo. E as explicações "razoáveis" sobre o porquê se tornam crenças limitadas.

Por exemplo, um gerente de marketing descreveu uma marca, cujo desempenho comercial caiu. Ele poderia ter pensado:

"Temos um orçamento limitado e precisamos focar nossas grandes marcas."

"Houve tantas mudanças em nossas fábricas que não aguentamos mais inovações nesse momento."

"Eu nunca vou ter a mesma parcela de voz dentro da minha marca que os caras mais seniores conseguem com suas relações e poder."

> **2. A armadilha saturada**
>
> Ou talvez nossos coachees estejam ocupados resolvendo problemas e cortando caminho através da "selva", e por isso nunca encontram tempo para refletir. Talvez eles sintam que precisam refletir sobre alguma coisa. Mas eles são tão ocupados que não dispõem de tempo para realmente sentar e pensar.
>
> *Parece que nunca tenho tempo para refletir melhor e chegar à raiz do problema.*

Como você começa? Quando você observa alguém que olha para o mundo através de uma perspectiva fixa ou limitada (pensamento verde), como você pode ajudá-lo usando esta etapa?

Esta é a fase Desafiar do *Ciclo do Pensamento Inovador*, e provavelmente a mais importante. Nós recomendamos dois exercícios.

Exercício Um: Das frustrações para o pensamento azul

Peça ao coachee que dedique um tempo para refletir sobre seu papel ou sobre os desafios que está enfrentando. Estamos refletindo sobre a frustração e fazendo observações para encontrar o problema. Explore a lista de desafios que podem surgir. Como alguém pode se beneficiar com o pensamento azul?

Exercício Dois: Definindo questionamentos

Depois que o problema é identificado, você pode enquadrá-lo como um questionamento. Um bom questionamento é específico o suficiente para definir uma saída, mas aberto o suficiente para permitir criatividade e novos pensamentos para obter a solução.

Uma maneira de estruturar um questionamento é utilizando *"como poderíamos"* ou *"como eu posso"*.

Por exemplo: "Como poderíamos reduzir reclamações de clientes?"

A lente do cliente também pode ajudar. Considere pedir ao coachee que ele pense sobre seu questionamento através da lente do cliente. Que necessidade ou preocupação deles, que atualmente não é atendida, você resolverá?

Exemplo Um: *Por exemplo, Howard Schultz, ex-presidente e CEO da Starbucks, notou que pessoas estavam tendo dificuldade para encontrar um lugar que não era o escritório, e nem suas casas, para fazer reuniões, trabalhar ou aproveitar um tempo livre.*

Pergunta para questionamento: *Como criamos esse "terceiro lugar" onde as pessoas possam fazer reuniões, trabalhar ou aproveitar um tempo livre?*

As cafeterias da Starbucks foram projetadas para serem exatamente isso: um lugar onde as pessoas poderiam fazer reuniões, trabalhar ou simplesmente tomar um café e passar um tempo livre. Isso começou com uma frustração: a dificuldade para encontrar o lugar certo para as reuniões.

Por que esses dois exercícios? Explicando a abordagem

Um dos maiores erros nesta área é assumir que grandes pensadores possuem o que chamamos de "flash de inspiração". Na verdade, grandes pensadores estão constantemente observando tudo ao seu redor.

Um exemplo clássico é a descoberta da penicilina.

Em 1928, Alexander Fleming era professor de bacteriologia no St. Mary's Hospital em Londres. Quando retornou das férias, ele começou a classificar placas de Petri nas quais ele cultivava as bactérias. Então, ele notou que havia um mofo e que nenhuma bactéria crescia ao redor do mofo. Ele percebeu que havia uma possibilidade de o mofo combater bactérias e imediatamente começou a testá-lo em outras doenças — e assim surgiu uma das mais importantes descobertas da medicina, a penicilina.

Essa descoberta não surgiu em um flash de inspiração, mas com a percepção do que estava acontecendo nas placas de Petri sujas.

Em nossa experiência, a maioria das pessoas estão cheias de informações e, se seus coachees saírem do "pensamento lateral" deles, descobrirão que muitos já possuem uma fonte de novas ideias. Alguns truques para isso incluem o seguinte:

- Observe as informações que seu coachee possui. Muitas vezes, seus coachees reconhecerão que eles ou outras pessoas têm frustrações (como no exemplo da Starbucks — as pessoas não possuíam um lugar informal para fazer reuniões), mas não prestam atenção. Por estarem ocupados, acabam confiando no pensamento verde e com isso acabam deixando problemas menores de lado. Ao diminuir o ritmo, você pode concentrar-se em explorar quais desses problemas possuem um insight genuíno.

- Concentre-se no usuário final. Essa é a maneira mais rápida de formular uma pergunta, e isso fará com que seu coachee observe mais.
- Passe do julgamento para o questionamento. No pensamento verde, estruturamos nossas suposições como julgamentos. Nas companhias aéreas, havia uma suposição de que demorava quarenta minutos para desembarcar um avião, limpá-lo e depois receber novos passageiros. Essa suposição era baseada em anos de experiências e julgamentos sobre o que era e o que não era possível. Foram as empresas aéreas de baixo custo que moldaram isso com uma única pergunta — "Com que rapidez podemos limpar um avião?" — Essa pergunta fez com que o tempo fosse reduzido para trinta minutos e economizou enormes quantias de dinheiro.

Isso significa que, no coaching, estamos apoiando nossos coachees a seguir os seguintes passos:

- Dar um passo atrás e ver os fatos, observar as frustrações ou preocupações que estão ignorando.
- Definir suas perguntas.

Como isso foi usado pelo coach na conversa que demos como exemplo?

O coach pediu ao gerente de fábrica que pensasse nas áreas em que seus funcionários se sentem frustrados. Ele então ajudou o gerente de fábrica a selecionar uma área e a transformou em um questionamento. (Como coach, talvez você precise explorar muitos problemas antes de escolher o caminho para fazer a pergunta correta.)

> Coach: *Sobre o que as pessoas reclamam? Escolha uma ou duas frustrações que, se resolvidas, podem gerar ganhos de eficiência.*

COACHEE: Bem, frustrações comuns incluem perda de comunicação devido à troca de turnos ruins e alterações de clientes em curto prazo.

COACH: Qual você acha que pode ser um bom lugar para gerar ganhos de eficiência?

COACHEE: Ambos são problemas antigos, mas se eu fosse escolher um eu diria a falta de comunicação na troca de turnos. Frequentemente, o turno que está de saída está cansado e não comunica os problemas de forma completa, causando problemas para o turno que está entrando.

COACH: Ok, qual pergunta você poderia fazer para mudar isso?

COACHEE: Como podemos tornar as trocas de turnos mais eficazes?

Segundo Passo: *Buscar* – Questionar

Qual é o objetivo desta etapa?

O Segundo Passo é buscar. O coachee suspende o julgamento e procura informações de diferentes perspectivas. A capacidade central é o questionamento. A mudança é feita para que o coachee possa explorar seu questionamento e abertura.

Por que é importante?

Para que o coachee leve em consideração informações de diferentes perspectivas, incluindo a perspectiva do cliente. Trata-se de abrir suas mentes, outro aspecto da mudança de mindset para o pensamento azul.

Modelos e percepções críticas

A parte crítica deste passo é olhar tanto externamente — especialmente através da lente do cliente — quanto internamente, e rigorosamente separar as informações de seus julgamentos.

> **O questionamento: A armadilha do pragmático**
>
> Em nossa experiência, a parte "indagadora" do ciclo é frequentemente a mais fraca. Muitos líderes sentem que estão ocupados e acham que possuem uma boa noção do que está acontecendo, ou talvez achem que possuem noção sobre o que os outros estão pensando! Ficar curioso e fazer perguntas vagas parece um luxo, e muitos líderes se limitam a criar soluções com base nos dados com os quais eles já estão familiarizados.
>
> Grandes líderes evitam isso. Eles sabem o benefício da curiosidade e preferem gastar tempo procurando entender mais sobre o que está acontecendo.
>
> *Nota: Este é um fator crítico para a inovação.*[3]

Questionar é um comportamento de liderança fortemente associado à inovação e pensamento estratégico. E, quanto mais experiência uma pessoa tiver sobre determinada situação, mais fácil será para eles suspenderem seus julgamentos — e com isso ficar mais curiosos sobre o que é realmente verdade. Trata-se de adotar um verdadeiro mindset de "novato".

Por exemplo, o julgamento dos líderes de uma pequena empresa sobre a maneira como eles administravam os negócios era: "É muito complexo." Para obter o insight, era necessário que eles parassem com esse julgamento e ficassem curiosos. O coach fez perguntas como: "O que é simples em seu negócio?", "O que é complexo?", "Como seus clientes encontram seu negócio?", "Como seus funcionários o encontram?", e assim por diante.

Fonte de dados

Quando o coachee fica curioso, ele desbloqueia duas fontes de informações:

DADOS INTERNOS: O que nós já sabemos sobre a situação? A curiosidade nos permite questionar os dados e analisar a experiência que nós já temos de forma diferente.

DADOS EXTERNOS: Quem mais pode ter informações ou ideias que possam trazer perspectivas diferentes? Com quem podemos conversar?

O foco do coaching aqui é a riqueza dos dados que estão disponíveis para eles.

Separando dados de julgamento

Na fase de questionamento, é essencial que o coachee separe os dados (ou seja, o que eles realmente aprenderam) do julgamento e interpretação (as conclusões que eles tiraram). Os dados geralmente são:

Algo que eles ouviram. Uma citação.

Algo que eles leram. Mais uma vez, uma citação tangível.

Algo que eles viram. Eles podem ter visto alguém se comportando de uma maneira diferente.

A maioria das pessoas pode desfocar as informações e julgamentos em conclusões como "Os clientes não gostaram da ideia" ou "A pesquisa não suporta isso". Essas são generalidades e estão atadas ao julgamento. Ao ouvir isso, podemos pedir ao coachee para identificar dados reais (uma citação específica de clientes ou referência de pesquisa).

Como isso foi usado pelo coach na conversa que demos como exemplo?

Em nossa conversa de exemplo, o coach ajudou o coachee a identificar duas novas fontes de dados.

COACH: *Quem poderia ter algumas perspectivas interessantes sobre isso?*

COACHEE: *Eu poderia conversar com os membros da equipe, ao turno que melhor faz a troca.*

COACH: *E fora dos negócios, por exemplo, alguém de outra fábrica, de outro setor?*

COACHEE: *Eu tenho um amigo que começou a administrar uma fábrica, em um segmento que é reconhecido por sua eficiência. Posso falar com ele.*

COACH: *Ótimo. O próximo passo pode ser explorar a mudança na troca de turnos, falando com seu amigo e praticando essa mudança.*

Terceiro Passo: *Testar* — Analisar

Qual é o objetivo desta etapa?

O Terceiro Passo é sobre o coachee dedicar algum tempo para entender essas informações, aceitá-las e assim encontrar sua causa raiz.

Por que é importante?

Trata-se de chegar ao centro da informação. O que essa informação significa? Que conclusão o coachee pode tirar por ela?

Modelos e percepções críticas

Os três por quês: uma ferramenta para chegar ao centro da informação.

> **Análise: A armadilha da solução**
>
> Muitos líderes acham fácil pular dos dados para a solução. Eles descobrem algo (por exemplo, "O orçamento da minha marca foi reduzido") e buscam por uma solução (por exemplo, "Posso influenciar outras pessoas para aumentar o orçamento"), e dessa maneira eles acabam ignorando a verdadeira análise. Eles são seduzidos pela busca de soluções precocemente. Grandes líderes usam seu intelecto e, com isso, descobrem que, se suspenderem a tendência de pular logo de cara para uma solução e passar um tempo pensando, então nove em cada dez vezes eles transmitirão uma resposta melhor.

Há muitas ferramentas de análises por aí, e explicá-las foge do escopo deste livro. Se seu coachee já deu um passo atrás e desafiou seu pensamento, e está curioso e buscando dados diferentes enquanto reflete sobre a causa raiz por trás desses dados, ele provavelmente está se saindo bem.

Uma ferramenta que talvez você ache útil nesse processo são os três por quês.

Os três por quês

Esta é uma ferramenta simples. Você pega um dos fatores que não está contribuindo com os dados e pergunta por que isso está acontecendo. Então você pega a resposta para essa pergunta e pergunta novamente por quê. Você repete uma terceira vez usando a resposta do segundo por quê. Por exemplo, um gerente de marketing tentando entender a redução no orçamento de sua marca e como ele pode mudar isso seguindo a direção correta.

> *Pergunta 1: Por que o orçamento da sua marca foi reduzido?*
>
> *Resposta: Porque a empresa decidiu priorizar três ou quatro grandes marcas.*
>
> *Pergunta 2: Por que a empresa prioriza essas três ou quatro grandes marcas?*
>
> *Resposta: Porque são marcas importantes para a P&L. Com isso, não conseguem enxergar a importância da minha marca.*
>
> *Pergunta 3: Por que eles conseguem ver o quão importante essas três ou quatro marcas são, mas não conseguem ver a importância da sua marca?*
>
> *Resposta: Porque nossos planos de lucro em curto prazo são mais bem compreendidos do que nossos planos de crescimento em médio prazo (o que seria melhor para minha marca).*

Como isso foi usado pelo coach na conversa que demos como exemplo?

O coach também utilizou a técnica dos três por quês.

Coach: *O que você aprendeu com sua pesquisa?*

Coachee: *Uau, foi realmente interessante. Nós nunca paramos para apenas perguntar. Todo mundo parece ter grandes ideias, mas nós acabamos frustrados quando ninguém escuta. Uma coisa importante que aprendi é que membros da equipe se* sentem menos leais às pessoas de outros turnos, do que às pessoas do seu horário. Isso significa que suas entregas são desleixadas, o que ocasiona em trabalho extra para a equipe que está entrando.

COACH: *Por que os membros da sua equipe sentem menos lealdade às pessoas de outros turnos?*

COACHEE: *Porque eles não se conhecem tão bem.*

COACH: *E por que eles não se conhecem tão bem?*

COACHEE: *Porque eles nunca falaram diretamente um com o outro.*

COACH: *Por que isso acontece?*

COACHEE: *Porque não há possibilidade de conhecer pessoas de outros turnos.*

Quarto Passo: *Criar* — Resolver

Qual é o objetivo desta etapa?

Esta etapa é sobre o coachee idealizar — e chegar com uma ótima ideia e com um bom plano para executar essa ideia. Ela passa pelo insight e pela ação.

Por que é importante?

Nesta etapa, o coachee pode:

- Criar suas próprias ideias e planos.
- Transformar isso em um simples experimento "*fail fast*".

Modelos e percepções críticas

Os modelos críticos são dicas simples que fazem as ideias fluírem.

Foco: Comece com critérios claros.

Fluxo de ideias: Evite o perfeccionismo e teste suas ideias.

Fusão: Esta ferramenta permite que você funda o pensamento com diferentes perspectivas para gerar novas ideias.

Fique paralisado e continue paralisado: Também exploraremos como você, o coach, pode ajudar incentivando seu coachee a não saber a resposta; quando ficam presos no problema, isso permite que sua mente trabalhe inconscientemente.

> **Resolução: A armadilha da perfeição**
>
> Outra armadilha comum nesta fase do ciclo é a procrastinação. Alguns líderes ficam paralisados na parte da "solução", pois seu perfeccionismo entra em ação e deixa falhas e inadequações dominarem sua solução preferida. Como resultado, eles evitam ter coragem para tentar algo diferente e dar vida a novas ideias.

Foco

Ao contrário da crença popular, o brainstorming não funciona tão bem quando "todas as ideias são consideradas boas".

Por exemplo, em um experimento feito por professores de psicologia da Universidade de Purdue, foram dadas instruções básicas de brainstorming ("Nenhuma ideia é uma má ideia") para alguns estudantes e, para outro grupo, foram dadas outras instruções mais críticas ("Queremos ideias boas e práticas. Evitando ideias bobas ou estúpidas"). No final do exercício, o grupo com instruções mais críticas apresentou melhores ideias.[4]

Portanto, antes do brainstorming, vale a pena definir os critérios para solução: não muito rígida, mas suficientemente clara para eliminar ideias que não ajudam.

Um ótimo formato para isso é "um x que faz y". Por exemplo, se estamos projetando uma alternativa para um vaso, diríamos que um ótimo jeito de cultivar flores atraentes é colocando água.

Como você pode usar isso como coach?

Ajude o coachee a definir resultados usando "um x que faz y" antes que eles comecem a pensar em novas ideias.

Fluxo de ideias

Outro mito interessante é que a solução é encontrar uma ideia brilhante. Na verdade, Vera John-Steiner, psicóloga que estudou historicamente grandes criadores como Marie Curie e Leo Tolstoy, descobriu que eles não começaram com uma ideia brilhante. Eles começaram esboçando ou explorando ideias. E colocavam seus pensamentos iniciais rapidamente no papel, mesmo quando ainda estavam parcialmente formados.[5] É apenas fazendo as coisas acontecerem, lutando com elas, e adaptando-as que uma ideia se desenvolve.

Esse é o conceito de começar conscientemente a permitir que o pensamento flua e evolua — em vez de esperar por uma ótima solução.

Como você pode usar isso como coach?

Ajude seu coachee a diminuir seus pensamentos iniciais rapidamente. Lembre-os de que é mais importante capturar pensamentos simples do que capturar grandes pensamentos logo de cara. O coachee também pode fazer isso em grupo, fazendo um brainstorming relâmpago.

Fusão

Este é um insight interessante. Se você pedir que inventem uma história que contenha três palavras relacionadas como *escova*, *dentes* e *brilho*, as pessoas se sairão menos criativas do que as que criaram uma história com palavras não relacionadas, como *nuvem*, *acerto* e *maçãs*.

Isso também é útil para nós. Isso significa que você pode usar estas técnicas de forma consciente como coach, para ampliar o pensamento das outras pessoas.

Algumas das técnicas que você pode usar são:

Técnica Um: Opostos ou Extremos

Primeiro Passo: crie algumas ideias iniciais. Peça ao coachee para escolher uma.

Segundo Passo: peça para o coachee pensar nos opostos dessa ideia ou para ele levar essa ideia ao extremo absoluto.

Por exemplo:

- *IDEIA: "Crie um portal do cliente para facilitar o compartilhamento de ideias."*
- *OPOSTO: "Dificulte o acesso e compartilhamento de ideias dos clientes."*
- *EXTREMO: "Compartilhe todas as ideias e IP da empresa com todos os clientes."*

Terceiro Passo: pergunte quais são suas novas ideias, opções ou perspectivas.

- *OPOSTO provoca: "Somente aqueles que estão realmente interessados vão optar por participar."*

  "Poderíamos individualizar o que é mais relevante/útil etc."

- *EXTREMO provoca: "Os clientes poderiam ajudar a refinar e desenvolver nossas ideias."*

  "Criaríamos uma comunidade dinâmica usando a sabedoria de nossos clientes etc."

Quarto Passo: pergunte como esses novos pensamentos ou perspectivas podem ajudar a encontrar uma solução diferente.

Técnica Dois: Perspectivas diferentes

Peça ao seu coachee para pensar em como outras pessoas e organizações podem abordar o mesmo problema, por exemplo:

- Toyota
- Apple
- Louis Vuitton
- Uma criança de sete anos
- Um time profissional de esportes

(Observação: estes são apenas exemplos de perspectivas; você pode adaptar a lista de acordo com seu problema.)

Esta é uma ferramenta poderosa quando você realmente entra nessas outras perspectivas — você pode usar o exercício do Triângulo da Presença descrito no Capítulo 2 para acessar essas perspectivas.

Fique paralisado e continue paralisado

Que regra estranha. Mas também há um pouco de psicologia aqui. Quando as pessoas estão trabalhando arduamente para resolver um problema e ficam perplexas, elas acabam adquirindo o que chamamos de "índices de falhas"[6]. Esses marcadores do subconsciente os mantêm sintonizados com possíveis soluções. Eles começam a procurar ideias inconscientemente. É por isso que, se o coachee ficar paralisado em algum problema por alguns dias, geralmente a solução virá de outro lugar.

Você pode explorar isso incentivando seus coachees a ficarem paralisados. Esta é uma parte natural da solução. Em vez de o coachee se esforçar para encontrar a resposta em uma reunião, incentive-o a deixar a conversa incompleta — idealmente parada em algum ponto. Você será surpreendido com a frequência que seu coachee voltará com uma solução realmente interessante.

Como isso foi usado pelo coach na conversa que demos como exemplo?

O coach usou uma versão simples da ferramenta fusão, com diferentes perspectivas, perguntando ao gerente como seus filhos se comunicam.

Coach: *O que podemos fazer sobre o fato de que os gerentes não conhecem as pessoas dos outros turnos?*

Coachee: *Bem, é complicado, pois não temos tempo para conhecê-los devido ao horário que essas pessoas trabalham.*

Coach: *Isso parece desafiador. As pessoas precisam se conhecer e não há oportunidade para isso. O que poderia ser possível aqui? Pense como outras pessoas poderiam resolver esse problema. Pense em como, talvez, seus filhos poderiam resolver esse problema.*

Coachee: *Isso é interessante. Meus filhos trocam vídeos entre si. Poderíamos pedir aos membros da equipe que fizessem um vídeo de dois minutos em seu telefone, compartilhando qualquer coisa que tenha acontecido em seu turno, talvez até uma história pessoal. Essa poderia ser uma ótima maneira de eles se conectarem uns aos outros.*

Coach: *Ótimo! O que precisa acontecer agora?*

Coachee: *Temos nossa reunião trimestral com o gerente da fábrica. Posso propor a ideia, receber algum apoio e ver como podemos experimentar isso juntos.*

Quinto Passo: *Conquistar* — Perseverar

Qual é o objetivo desta etapa?

Esta etapa é para que o coachee possa testar, aprender e melhorar à medida que implementa suas soluções.

Por que é importante?

É sobre o coachee ficar curioso e aprender com seus fracassos, enquanto constrói uma solução sustentável para resolver o problema.

> **Perseverar: A armadilha da conquista**
>
> Embora arquitetar um plano não seja uma tarefa fácil, geralmente não é aqui que os coachees ficam aquém. Se o objetivo deles é realmente extenso e a ambição for exagerada, então, provavelmente, na primeira vez que os coachees tentarem mudar algo, eles vão (parcial ou totalmente) falhar. Muitos coachees reagem a isso mudando de direção ou diminuindo sua ambição. Eles estão acostumados a alcançar seus objetivos e estão preocupados sobre como o fracasso será visto.
>
> Com o coaching, eles podem superar isso ao perceber que grandes melhorias são um processo de aprendizagem e que o truque é manter as expectativas em alta — para continuar arquitetando seu plano até começar a dar certo.

A parte final do Ciclo do Pensamento Inovador, é, obviamente, a implementação. E nós a rotulamos deliberadamente como Perseverar. Isso porque o verdadeiro pensamento inovador raramente funciona da primeira vez. Um pensador inovador eficaz precisa permanecer resiliente e criativo, enquanto utiliza um caminho para obter a solução correta, revisando constantemente e aprendendo para refinar seu pensamento inovador.

Como coaches, somos capazes de notar quando nosso coachee voltou ao julgamento e perdeu o rumo de seu objetivo, e com isso segurar o "espelho" para que possam aprender com seu fracasso e ganhar força com seu sucesso. O ciclo de aprendizado introduzido no capítulo "Inspirar" pode ser útil aqui. Esta etapa é sobre manter o pensamento azul deles funcionando durante o período de perseverança — e com isso lembrá-los de ver o fracasso como um elemento essencial e parte do processo do pensamento inovador.

Aplicando a Conversa Pensar

Aplicação em outras situações

A conversa "Pensar" pode incluir também:

1. Idealização ou inovação

Esta é a essência do capítulo. Existem diferentes formas de aplicar isso usando diferentes partes do ciclo. Algumas pessoas virão até você para obter ajuda com a idealização. Outras ficarão presas em um certo modo de pensar (pensamento verde) e com isso precisarão de um coach para ajudá-los a pensar. Outros podem sentir falta de uma imersão profunda diante da experiência que seus clientes têm. Incentivá-los a juntar esses dados estimulará um novo tipo de pensamento.

2. Insight do cliente

Ao utilizar a conversa de coaching "Pensar", você ajudará seus coachees a se concentrarem e a ficarem curiosos sobre o cliente. Para fazer isso, as perguntas que eles definiram na etapa Desafiar devem ser definidas por meio da lente do cliente, por exemplo, *O que os clientes querem..., Como podemos melhorar a experiência x para nossos clientes* etc. Na etapa "Buscar", o coachee mergulhará no mundo de seus clientes — realmente ouvindo suas necessidades e perspectivas.

3. Pensamento estratégico

Esta é uma expressão muito utilizada no mundo dos negócios, porém não é muito bem compreendida. Pense no superconhecido jogo de estratégia xadrez. Na nossa visão, o pensamento estratégico é a capacidade de ver de forma mais ampla, enxergar alguns passos além, olhar para os impactos das nossas escolhas e tomar decisões que impactarão positivamente nosso futuro. O ciclo pode ser usado para fazer exatamente isso. O coachee pode enquadrar a questão estratégica, ficar curioso com questionamentos (quais informações estão disponíveis), analisar os dados (explorar suas escolhas e seu impacto) e resolver (tomar decisões) para melhorar seu futuro.

4. Desafiando como as coisas são feitas

Sim, é o mesmo processo e o mesmo mindset. A conversa "Pensar" é o caminho perfeito para seu coachee se questionar na etapa Desafiar e criar novas maneiras de pensar sobre problemas antigos.

O Ciclo do Pensamento Inovador deve ser seu guia como coach, especialmente quando um coachee está tentando trabalhar com essa mudança, porém, nem todos precisam de todas as etapas do ciclo. Portanto, fique à vontade para variar quais etapas do ciclo você usa — utilize as ferramentas de que seu coachee mais precisa —, mas lembre-se que a essência da conversa "Pensar" reside no coachee deixando de lado seu pensamento verde e tornando-se totalmente inquisitivo. Este padrão se aplica ao ciclo como um todo — ou em partes menores do ciclo.

Por exemplo, ao idealizar, você está incentivando seus coachees a pensarem fora do "pensamento verde", do normal deles. Ao analisar os três "por quês", você estará desafiando o coachee a ficar curioso sobre os motivos que ele ainda não identificou. Quando perseverante, o pensamento azul pode ajudar o coachee e assim ele aprende mais rápido.

Como coach, a mudança de mindset para sair de suas suposições verdes está na essência da conversa de coaching "Pensar".

O Impacto nos Negócios

Esta conversa quase não precisa de justificativa, pois claramente muitas empresas são construídas com base na inovação do cliente. Para ilustrar a importância, a PwC (PricewaterhouseCoopers) entrevistou mais de 1.700 executivos e constatou que a taxa de crescimento das empresas inovadoras aumentará quase o dobro da média global e três vezes mais do que as empresas menos inovadoras, resumindo, terão receitas acima de US$500 milhões.[7]

Em um mundo que continua em constante mudança, a mudança de mindset na conversa "Pensar" é essencial para os negócios e essencial para liberar o potencial de criatividade, mudança e inovação.

Praticando e aplicando em si mesmo

Pense em alguma situação em que você possa se beneficiar com o pensamento inovador.

Primeiro Passo: Desafiar

Atividade 1: Da frustração ao Pensamento Azul

1. Observe o desafio que você gostaria de resolver. Quais sentimentos você consegue notar? Com o que você está frustrado ou preocupado? Com o que outras pessoas estão frustradas ou preocupadas?
2. Você consegue achar um problema que poderia se beneficiar de diferentes estratégias de pensamento?
3. Em qual tipo de problema você acha que o pensamento azul poderia ajudar?

    Atividade 2: Defina o Questionamento

1. Enquadre esse problema como uma pergunta: *Como poderíamos...?*

Segundo Passo: Buscar

1. Como você pode acessar o pensamento azul? Recentemente, quando você se sentiu realmente aberto e curioso, como explorou isso? Como foi? Como você se sentiu?
2. Onde você pode encontrar algumas fontes de dados ou informações nas quais você pode encontrar outras perspectivas?
3. Quais perguntas você pode fazer?
4. Como você vai capturar esses dados?
5. Quais dados ou experiências você possui para os quais pode ter uma visão diferente agora? (Procure os dados antes de ir para a próxima etapa.)

Terceiro Passo: Testar

1. Quais informações você encontrou em sua pesquisa?
2. O que você aprendeu? O que se destacou para você que pode ser considerado novo?
3. Pegue um dos temas e utilize os três por quês.

Quarto Passo: Criar

1. Experimente cada uma das ferramentas que abordamos para descobrir os resultados que elas podem fornecer.
2. Quais são as soluções emergentes?
3. O que parece certo experimentar?
4. O que precisa acontecer agora?

   (Agora faça seus experimentos para prosseguir.)

Quinto Passo: Conquistar

1. O que está funcionando bem? O que poderia ser ainda melhor?
2. O que você está aprendendo? Quais melhorias podem ser feitas?
3. O que você pode comemorar que está funcionando bem?

Aplicando no coaching: outras grandes questões de coaching

Desafiar

1. Quais frustrações você teve com esse problema hoje?
2. Quem são seus clientes? Como eles experimentam seus serviços?

3. Quais necessidades de seus clientes não estão sendo totalmente atendidas?
4. Como você poderia estruturar uma pergunta que capta isso?

Buscar

1. Se você realmente pensasse fora da caixa, a quem mais você poderia recorrer? Pense em outras pessoas interessadas no negócio ou pessoas de fora.
2. E quanto a pesquisas e artigos online para procurar por dados?
3. Quem mais pode ter uma experiência ou perspectiva diferente? Como você poderia abordá-los?
4. Quais perguntas você poderia fazer?
5. Como você poderia mergulhar no mundo deles e experimentar suas perspectivas?
6. (Ao capturar dados) O que você ouviu? O que eles realmente disseram? (ou outras perguntas para ajudá-los a separar os dados da generalização).

Testar

1. Quando observa os dados, quais padrões você vê?
2. Quais são os dados conflitantes?
3. Vamos colocar os dados em um quadro branco e entender ou analisar o que está sendo dito.

Criar

1. Se você fosse ousado, quais soluções se tornariam possíveis?
2. De quem você precisa fazer um "buy-in" para obter sucesso na hora de experimentas novas soluções?
3. Como você pode comunicar seu problema, questionamento e solução?

Conquistar

1. Como você pode ampliar sua experiência?
2. Como podemos usar o Ciclo do Pensamento Inovador em seus erros?
3. Quais julgamentos você pode obter com esse erro, e como obter curiosidade quanto a isso?
4. Como você pode comemorar seu sucesso com a equipe?

Questionário de Diagnóstico da Conversa Pensar

Você pode utilizar estas perguntas para identificar os pontos fortes e o desenvolvimento das áreas de cada etapa da conversa "Pensar".

> **Como completar o questionário:**
>
> Para cada pergunta, atribua uma pontuação entre 1 e 5 na caixa apropriada.
>
> 5 — Se você considera uma área que você já dominou
>
> 1 — Se isso se destaca como uma área crítica que você precisa melhorar

Atributos	Pensamento Inovador	Meus recursos nesta área	Até que ponto sinto que priorizo e uso essa capacidade
DESAFIAR Como Desafiar o Status Quo	Nunca se sente feliz com suposições e continua tentando encontrar novos meios de pesquisa para melhorar os negócios. Conscientemente arranja tempo para dar um passo atrás, pensar mais amplamente e refletir sobre o quadro geral.		
BUSCAR Questionar	Observa todos os ângulos em busca de um potencial para melhorias, e procura por novos experimentos. É curioso e investe seu tempo em tentar compreender mais, frequentemente procura saber a visão de outras pessoas sobre o problema.		
TESTAR Analisar	Chega à causa raiz do problema e passa a entendê-la de um ponto de vista sistêmico. Toma um tempo para realmente refletir.		
CRIAR Resolver	Encontra uma solução simples para um problema complexo. Vê um caminho de ação que fará as coisas avançarem; cria experimentos para testá-las.		
CONQUISTAR Perseverar	Persevera com o problema e com experimentos, revisa continuamente, aprendendo e buscando pela solução correta. Não deixa de lado as coisas, mesmo quando elas não dão certo pela primeira vez.		

Resumo

A conversa "Pensar" está no centro da solução de problemas, do pensamento diferente com novas ideias ou soluções criativas. Procura explicitamente ampliar perspectivas e ajudar pessoas a olharem além das suas premissas atuais.

É uma questão de inspirar as pessoas a desafiar o modo como observam o mundo, a parar de se preocupar em estarem sempre certas, a ficarem curiosas, a observar o problema de forma mais ampla e, assim, apresentarem ideias inovadoras e diferentes soluções.

Trata-se de reconhecer os "pensamentos laterais", conscientemente desafiando-os a se sentirem confortáveis por não saberem a resposta para seus problemas.

A conversa "Pensar" possui cinco passos:

1. Primeiro Passo: *Desafiar* — Como desafiar o status quo

Aqui, seu coachee analisará seus desafios, seus problemas e as suposições existentes que foram criadas. Ele perceberá seu pensamento verde e, em seguida, se desafiará a definir um questionamento para fazer a pergunta correta.

2. Segundo Passo: *Buscar* — Questionar

É sobre o coachee suspender seus julgamentos e realmente experimentar o mundo de outras pessoas. Como é realmente a experiência do cliente? O que os stakeholders que costumam ignorar pensam? Esta etapa é sobre a coleta de dados.

3. Terceiro Passo: *Testar* — Analisar

Ao invés de tirar conclusões precipitadas, o coachee pesquisa sobre a causa raiz do problema por meio dos dados.

4. Quarto Passo: *Criar* — Resolver

O coachee passa para a etapa de ideia e ação. O coaching desafia o coachee a ter ideias diferentes e suspender seus pensamentos comuns para desbloquear sua criatividade.

5. Quinto Passo: *Conquistar* — Perseverar

O coachee falha rapidamente, se readapta e continua.

A conversa "Pensar" pode ser usada explicitamente para desenvolver o pensamento de outras pessoas. Por exemplo, se alguém que você conhece quer se tornar um pensador estratégico melhor ou mais criativo, você pode ajudá-lo utilizando essas etapas. Mas, normalmente, esta conversa é usada no dia a dia para ajudar outras pessoas a pensarem sobre os desafios diários de uma maneira nova e diferente.

PARTE **DOIS**

Organizações
também possuem mindsets

Capítulo 5

Transformando
sua organização

ATÉ AGORA VOCÊ CONSEGUIU RECONHECER que cada uma das quatro conversas de coaching podem surgir em qualquer lugar. Não só isso, esperamos que você também reconheça que cada indivíduo necessita de cada uma das quatro conversas de tempos em tempos. Isso é natural e saudável! Todos os seres humanos possuem o seguinte:

- Situações em que se encontram "dentro da caixa". (Conversa Um: *Ser*)
- Pessoas que eles consideram mais desafiadoras. (Conversa Dois: *Relacionar*)
- Tempos em que eles não sabem muito bem o que fazer e acabam se retendo. (Conversa Três: *Inspirar*)
- Problema para os quais eles não conseguem encontrar a solução ideal. (Conversa Quatro: *Pensar*)

Mindsets são assim. Cada uma das quatro conversas que descrevemos é uma luta contínua. Um coachee nunca as dominará completamente — mas quanto mais o coachee se familiarizar com as ferramentas, menos tempo levará para perceber o desafio e fazer uma mudança.

Neste capítulo queremos desenvolver essa ideia explicando que organizações também possuem mindsets, o que significa que você pode usar algumas das ferramentas deste livro para resolver problemas nos seus negócios.

O que queremos dizer com isso?

Vamos dar alguns exemplos.

Na Introdução, demos o exemplo da BlackBerry. Quando o iPhone foi lançado, o BlackBerry era predominante no mercado. E levou quatro anos para as vendas do iPhone ultrapassarem as vendas da BlackBerry. A BlackBerry teve quatro anos inteiros para reagir, mas por que não reagiram? Eles estavam presos em seus pensamentos laterais. Não conseguiram prever que aquele touch screen substituiria seu famoso teclado, por exemplo. A liderança da BlackBerry precisava de uma mudança de mindset para desafiar a forma como estavam pensando e com isso reagir de forma diferente no mercado.

Agora vamos dar outro exemplo.

Um banco com o qual trabalhamos tinha uma cultura de vendas altamente otimizada. Mas enfatizaram isso demais e com isso não valorizaram o atendimento aos clientes existentes. Os gerentes, devido à pressão, começaram a ver idosos e clientes mais complexos como um incômodo. Logo eles começaram a perder clientes. Estes estavam experimentando uma organização que valorizava somente a venda, e que não os ajudava com seus problemas. O banco precisava da conversa Relacionar para se colocar no lugar dos clientes e realmente simpatizar com a experiência deles.

Em cada um desses exemplos, percebemos que os mindsets atravessam culturas. A cultura de uma organização pode procurar evitar falhas e outras podem ter fortes julgamentos sobre um grupo específico (por exemplo, um escritório pode pensar que a sede não os ouve; ou uma loja pode pensar que as vendas são sempre promissoras). Do ponto de vista sociológico, isso não é surpreendente. Nós somos animais sociais. É muito natural para nós criarmos significados compartilhados, regras ou crenças comuns. Afinal, é isso que faz com que as sociedades funcionem. Mas, às vezes, essas crenças não são mais úteis.

Veja a seguir uma história metafórica.

> *Um grupo de gorilas vivia em uma jaula. Um tratador cruel pendurou um cacho de bananas no meio da jaula e, sempre que um gorila chegava perto, o tratador jogava água gelada neles. Com isso, os gorilas aprenderam a não chegar perto das bananas. Além disso, sempre que um gorila se movia em direção às bananas, os outros gorilas rosnavam para ele porque sabiam que se algum gorila se aproximasse ou tocasse nas bananas, todos tomariam um banho de água gelada. Muitos anos se passaram e os gorilas acabaram morrendo. Mas o grupo de gorilas havia aprendido, e o comportamento passou entre gerações. Os gorilas rosnavam para qualquer bebê gorila que tocasse as bananas. Então eles paravam de fazer isso e, à medida que iam crescendo, aprendiam a rosnar para os outros para ensinar a mesma lição. Depois de um tempo, não houve mais necessidade da água gelada. Os gorilas criaram um sistema de crença que protegia sua cultura de ser pulverizada.*
>
> *Algum tempo depois, um tratador mais gentil substituiu o cruel. Ele nunca tinha ouvido falar da história da água gelada e jamais a usaria. Ele também pendurava bananas todos os dias e ficou surpreso que nenhum dos gorilas as comia.*

Como ilustra esta história, os mindsets que foram úteis uma vez já não eram mais úteis. Isso também se aplica ao banco e à BlackBerry nos exemplos que demos anteriormente.

E quase certamente também se aplica à sua organização. Provavelmente, haverá uma mudança "Ser", "Relacionar", "Inspirar" ou "Pensar" que desbloqueará um novo nível de desempenho.

Seguem alguns exemplos.

Ser

Um departamento financeiro ficou sabendo que estavam planejando reestruturar o departamento, para separar o trabalho transacional e concentrar-se em seu valor para aconselhar e fornecer dados para a empresa. Havia uma grande resistência quanto a isso. Preocupados com uma possível perda de empregos e se sentindo expostos com a nova função, os membros da equipe levantavam objeções constantes.

Este é um desafio clássico da conversa "Ser". O departamento financeiro se encontra dentro da caixa e não consegue responder com recursos à mudança.

Relacionar

No exemplo do banco, a agência havia perdido o senso de empatia por seus clientes. Eles se concentravam nas vendas e em aumentar os números, e com isso falharam em ser verdadeiramente responsivos ou atenciosos com as necessidades de seus clientes.

Este é um desafio clássico da conversa "Relacionar" — em que um grupo de pessoas perdeu a empatia pelo próximo.

Inspirar

Uma grande empresa financeira era avessa ao risco, mas optou por expandir globalmente. Muitas de suas aquisições tinham padrões de ética mais baixos e logo a empresa foi atormentada por escândalos. A sua cultura de liderança burocrática estava acostumada a seguir regras e não interveio. Seus funcionários sentiram uma perda de direção e propósito.

Este é um desafio clássico da conversa "Inspirar". Os líderes precisam aproveitar seus próprios valores e ter a coragem de orientar a falta de direcionamento. Em um nível organizacional, eles precisam retornar aos valores que regem seus negócios e criar uma visão que defina uma direção com base nesses valores.

Pensar

Um fabricante de alimentos estava sob pressão para responder aos requisitos básicos de saúde e bem-estar. Ele respondeu rapidamente lançando um cereal matinal com a quantidade de açúcar reduzida. Mas acabou não vendendo muito, pois os clientes não gostaram do sabor. Este é um exemplo de desafio da conversa "Pensar". O fabricante não pode responder à mudança significativa do mercado mexendo em seus produtos já existentes. Ele precisa ficar curioso e pensar de maneira diferente.

Então?

Como líder empresarial, há três coisas de que você precisa estar ciente nessas situações.

Uma é má notícia. Mas as outras duas são boas notícias.

Primeiro, a má notícia.

1. Se a cultura não for favorável, o treinamento individual será menos eficaz.

   Os coaches profissionais chamam isso de "impacto do sistema". O que significa que é muito mais difícil um indivíduo mudar se aqueles ao seu redor ainda estão se comportando de outra maneira. Por exemplo, se um gerente de banco tentasse focar o cliente em uma cultura em que somente o lucro fosse priorizado, ele provavelmente seria pressionado pelos seus colegas, e possivelmente pelo seu chefe, se seus números de vendas estivessem abaixo. E se as medidas não suportassem sua mudança de comportamento, ele enfrentaria pressão para reverter isso.

   Agora, as boas notícias.

2. O impacto de um líder não deve ser subestimado.

   A boa notícia de sermos animais sociais é que também somos programados para copiar e aprender com nossos líderes. Então, você, como líder, ou coach de um líder, precisa exemplificar conscientemente um novo comportamento ou desafiar o mindset atual, e com isso o impacto será enorme. Outros tomarão conhecimento disso e serão mais propensos a segui-lo.

3. As mesmas ferramentas que funcionam para indivíduos também funcionam para empresas.

Tudo que ensinamos neste livro funciona além do nível individual. Assim, você pode experimentar essas ferramentas com sua equipe também.

Na próxima seção, contaremos quatro histórias e veremos como as ferramentas neste livro podem ajudar equipes ou pequenos grupos a fazerem mudanças específicas de mindset.

História Um: Ser — Tornando-se engenhoso

Agora, pense no departamento financeiro sobre o qual discutimos anteriormente. Eric é seu líder. A empresa quer reestruturar o departamento para separar e aprimorar o trabalho transacional, permitindo que eles se concentrem no aconselhamento e fornecimento de dados. Eric acha que esta é uma ótima oportunidade, pois sua equipe assumirá um trabalho mais interessante e estratégico.

Mas ele percebe que sua equipe está ficando cada vez mais ansiosa. Eles começam a reter a entrega do trabalho e continuam buscando desculpas para fazer isso. Ele ouve conversas se opondo fortemente à mudança.

Eric reconhece que sua equipe não possui recursos para realizar essa mudança. Eles estão ansiosos, e isso está soando como resistência. Esta é uma mudança da conversa "Ser". A equipe de finanças está dentro da caixa. Isso também diz a Eric qual é a ferramenta certa para treinar sua equipe imediatamente: a EVE.

Eric, portanto, convoca uma reunião com a equipe. Ele a inicia dizendo que ficou sabendo que existem algumas preocupações quanto às mudanças e que gostaria de ter uma chance de explorar isso.

E — Emoção

Você deve se lembrar que a parte "Emoção" do processo tem a ver com expressar sentimentos e articular o autoconhecimento por trás deles. Tornar a conversa interna explícita permite que a mente racional olhe mais objetivamente. Isso também funciona em grupos.

Então, Eric pergunta ao grupo com quais elementos de mudança eles têm dificuldades. E, em cada caso, ele pergunta ao grupo quais são suas preocupações.

Por exemplo, um membro da equipe diz: "Eu sinto dificuldades para lidar com o faturamento do exterior."

Eric diz: "Qual é sua preocupação?"

O membro da equipe diz: "Erros serão cometidos; nossos clientes ficarão frustrados e nos culparão."

Outro acrescenta: "Mas você não precisará de nós, então teremos uma equipe reduzida e não vamos poder ajudar."

E assim por diante.

Este é claramente o estágio E do EVE. Eric está pedindo à equipe para compartilhar suas emoções e expressar seu pensamento interno durante a conversa. Em cada caso, ele simplesmente captura a preocupação em um *flip chart* usando as palavras exatas de cada membro da equipe.

V — Verdade

Você deve se lembrar que o estágio V é a oportunidade de explorar a verdade que está por trás da conversa interna. Tendo estabelecido sua confiança, você terá uma base sólida para decidir qual decisão tomar.

Então, Eric aborda cada uma das preocupações, por turnos. Ele então explora cada uma gentilmente. *Quais são os fatos aqui? O que aconteceu até agora? O que nós podemos fazer?* Ao conversar sobre cada uma das preocupações e sondar suavemente para descobrir a verdade, ele transforma uma longa lista cheia de ansiedades e preocupações em alguns problemas tangíveis.

Por exemplo, para o comentário "Erros serão cometidos; nossos clientes ficarão frustrados e nos culparão", Eric pergunta: "O que observamos até agora que está levantando essa preocupação entre nós?" Os membros da equipe dão um ou dois exemplos, como "O escritório no exterior demorou dois dias para responder". Após uma breve discussão de exemplos, ele diz: "Então, como podemos saber que o escritório no exterior cometerá erros?"

"Não — nós não temos certeza", responde a equipe com relutância. "E, por que nos importamos?", pergunta Eric. "Porque nós temos padrões", responde um membro da equipe. "Esses são nossos clientes, e nos preocupamos com eles", responde outro.

Este é o estágio V do EVE. O gerente, Eric, está usando o coaching para que ele possa encontrar a verdade em suas preocupações.

E o estágio V, é a verdade para as suposições da equipe sobre a situação que está mantendo a equipe dentro da caixa.

E — Escolha

O estágio E é sobre escolha positiva. Em outras palavras, dada a verdade sobre aquilo que foi discutido, quais escolhas podem ser feitas?

Neste caso, o Eric treina a equipe para que eles possam fazer a escolha positiva.

"Então, se nos preocupamos com a qualidade e queremos manter padrões, e vimos em alguns exemplos que o escritório no exterior pode não ter os mesmos padrões, quais escolhas podemos fazer?"

"Vamos fazer um feedback de nossas preocupações."

"Mais do que isso, por que não os orientamos? — E por que um de nós não poderia ir até lá, ficar algumas semanas e treiná-los?"

Como você pode ver, o estágio E deve resultar em ideias tangíveis de ação que podem ser de comum acordo.

Eric seguiu o mesmo processo para as outras preocupações que foram levantadas e deixou a reunião com a equipe se comprometendo a se envolver com a mudança de uma forma mais positiva.

Esse é o mesmo processo EVE que te ensinamos a usar com coachees — dentro da nossa extensa experiência, também funciona com empresas e organizações.

História Dois: Relacionar — Uma fusão entre duas empresas de confeitaria

Uma grande empresa multinacional de confeitaria comprou uma estável empresa local fabricante de balas de menta. As culturas não poderiam ser mais diferentes. O fabricante local de balas de menta seguia uma tradição. Era hierárquico e orgulhoso de sua origem. Eles se viam como artesãos e viam a multinacional como uma empresa que "só pensava em dinheiro", que "usava atalhos" e que "não se importava com os clientes". Por outro lado, a multinacional era rápida e moderna. Eles viam os líderes da fábrica local como "conservadores", "hierárquicos" e que "não focavam os clientes".

Como se pode imaginar, a tensão estava começando a prejudicar os estágios iniciais da fusão.

A líder do processo, Karina, viu o problema e diagnosticou corretamente que essa era uma mudança de mindset da conversa "Relacionar". E isso mostrou a ela que o processo que ela precisaria usar era o — Veja–Ouça–Fale.

Primeiro Passo: Veja

Você se lembrará de que este passo é sobre abrir mão de preconceitos e se colocar no lugar de outras pessoas.

Karina sentou-se com os líderes de cada empresa. Em cada caso, ela pediu que eles imaginassem que eram de outro ramo. Então, por exemplo, ela pediu aos líderes da empresa local que imaginassem que eles eram líderes de uma multinacional. Ela então orientou: "Agora imaginem esse grupo de líderes olhando para vocês. O que vocês acham que eles veem? Quais julgamentos eles estão fazendo?"

Isso levou a uma conversa ativa. Karina então perguntou: "E como vocês imaginam que eles estão se sentindo?"

Os líderes da fábrica local disseram: "Frustrados", "Eles provavelmente ficam com raiva por não estarmos fazendo um esforço para entender seus procedimentos", e por aí vai.

Como se pode ver, com esse diálogo, Karina estava pedindo a cada liderança para se colocar no lugar um do outro, resultando em maior empatia e conexão.

Segundo Passo: Ouça

Você se lembrará de que tudo isso significa deixar a outra pessoa se sentir ouvida.

Então, Karina organizou uma reunião conjunta. As regras eram que esta reunião seria para descobrir as experiências da outra parte. Não era para haver nenhum feedback ou soluções. Todos os líderes apenas tinham que ouvir, fazer ótimas perguntas e refletir sobre as respostas. Após terem despertado o interesse das pessoas com o passo "Veja", eles estavam ansiosos para conferir o resultado disso. A reunião foi realmente boa, e cada grupo ficou fascinado por conseguir entender a cultura um do outro.

Terceiro Passo: Fale

Fale é sobre compartilhar sua mensagem.

Karina então pediu a cada grupo que pensasse, sabendo o que eles sabiam agora, sobre o único compromisso que eles poderiam firmar para obter sucesso na integração e qual seria o único pedido que eles teriam para os líderes da outra empresa.

Por exemplo, os líderes locais criaram um compromisso de estarem abertos a adotar algumas das novas e mais modernas abordagens da multinacional. Eles pediram aos líderes da multinacional que tirassem algum tempo para compreender a história e a abordagem que tornaram seu negócio tão especial.

Usando a estrutura Veja–Ouça–Fale, Karina foi capaz de treinar dois conjuntos de líderes de negócios em um relacionamento muito diferente.

História Três: Inspirar — Um grupo de escolas da cidade

Carol foi recrutada pelo governo britânico para apoiar um grupo de 25 escolas do interior da cidade que fracassaram academicamente. Os maus resultados vieram acompanhados de baixas expectativas.

Quando ela assumiu a posição, Carol reconheceu a necessidade da conversa "Inspirar", pois viu muitos diretores de escolas, dedicados e trabalhadores, trabalhando durante longas horas para resolver problemas e manter o sistema funcionando — mas pouca liderança compartilhada com relação à necessidade de mudar a cultura geral.

Sabendo que precisava da conversa "Inspirar", Carol espelhou a visão do processo.

I — Importância

Nas primeiras reuniões, ela se concentrou em pedir às escolas que compartilhassem o que fizeram de melhor e suas histórias mais inspiradoras. Com isso, ela descobriu trabalhos incríveis e capacidades excelentes. Mas também ajudou a descobrir os valores fundamentais do corpo docente. Por exemplo, havia um profundo valor em torno de garantir oportunidades para todos.

M — Mudança

Na segunda reunião, ela pediu à equipe que se imaginassem cinco anos no futuro e visualizassem os objetivos que foram alcançados. Essas foram conversas inspiradoras, e a equipe surgiu com uma lista de objetivos gerais e com três pilares com sua estratégia de recuperação.

E — Experimentos

Finalmente, ela organizou uma terceira reunião e, dada a visão e os pilares, os diretores das escolas pediram aos grupos de trabalho que analisassem esses projetos.

Os resultados foram excelentes e o trabalho de Carol foi reconhecido pelo governo britânico como sendo o projeto mais bem-sucedido dentro de sua área no país.

Ela ajudou as escolas a fazer a mudança Inspirar, responsabilizando-se e moldando seu próprio compromisso com a mudança.

História Quatro:
Uma franquia de fast-food

Tal como acontece com várias empresas de fast-food, esta era uma franquia. Em outras palavras, os restaurantes eram propriedade de investidores individuais que pagavam uma taxa para usar sua marca e servir seus produtos.

O desafio para Steve, que era diretor administrativo de uma grande área geográfica, era como ele poderia persuadir os franqueados a ver que os clientes estavam mudando, e que não estavam mais à vontade comprando aquela velha fórmula processada de sempre. Por exemplo, grupos focais de clientes estavam dizendo a ele que queriam personalizar seus lanches, criar melhores opções para eles e evitar filas. Mas sua equipe estava tendo dificuldades de convencer um número suficiente de franqueados a fazer o investimento necessário para responder a essas novas tendências.

Por vários anos, suas equipes apresentaram soluções inovadoras para mudar a experiência do cliente, mas ele continuava sendo pressionado, e os donos das franquias relutavam em fazer o investimento.

Este é um clássico desafio da conversa "Pensar". Os franqueados estão presos em seus pensamentos verdes com relação a como gerenciar sua empresa, e com isso a sede dessas marcas ficam frustradas com os franqueados.

Steve usou o Ciclo do Pensamento Inovador. No início, durante a reunião semestral dos franqueados, ele pediu aos proprietários das franquias que compartilhassem suas preocupações e frustrações. Claro, os proprietários de franquias também estavam vendo diferentes demandas e necessidades de seus clientes e experimentando competição de novas e mais modernas franquias de fast-food.

Desafiar

Ele então trabalhou com eles para formular dois questionamentos sobre suas frustrações. Um deles foi: "Como continuamos a competir e conquistar mais clientes, sendo que eles estão cada vez mais exigentes?"

Buscar

Na segunda metade do dia, ele convidou diferentes stakeholders (clientes, funcionários, representantes locais) e os reuniu com os proprietários, para que estes pudessem passar um tempo com aqueles, ouvindo suas necessidades e ideias.

No final do dia, os proprietários das franquias começaram a criar ideias de como responder ao novo mercado. Algumas dessas ideias eram as mesmas que a sede já havia considerado — e outras eram novas. Mas a diferença era que agora os franqueados haviam saído dos seus "pensamentos laterais" e estavam pensando de outras maneiras. Isso significava que não era mais a sede que estava dando soluções para eles, mas eles mesmos enquanto parceiros pensavam como a empresa deveria responder.

Isso permitiu que o restante do ciclo funcionasse com êxito na geração de novas ideias e soluções.

Então, o que isso significa?

A boa notícia é que, ao ler este livro, você saberá como mudar a cultura e o mindset dentro dos seus negócios. As mesmas ferramentas funcionam tanto em grupo quanto com os stakeholders de seu negócio. Treinando ou facilitando por meio dos processos deste livro, você pode ajudar a mudar o mindset dentro das organizações.

Isso é imensamente poderoso. Há livros escritos sobre a cultura e sua mudança. Mas, no fundo, a cultura é moldada pelas crenças que são comuns — pelo mindset. E, como aprendemos agora, mindsets podem ser mudados.

Mas isso não anula as outras ferramentas para gerenciamento de mudanças. Por exemplo, recompensas ou estruturas podem ter um grande impacto na probabilidade de essas técnicas funcionarem. Porém, este livro fornece ferramentas para fazer a parte mais difícil da mudança — a mudança de mindset.

PARTE **TRÊS**

Aprofundar:
Entendendo a mudança de mindset

Capítulo 6

Por que cada
mindset é diferente

Quando começamos a postular esta abordagem, nós propusemos dois desafios:

Desafio Um: Existe realmente uma diferença psicológica entre as quatro conversas? Por que cada mindset é diferente?

Desafio Dois: Quão válidas são as quatro conversas? Por que as utilizamos?

Neste capítulo, exploraremos essas perguntas.

Desafio Um: Por que cada mindset é diferente?

Roberto Assagioli

Assagioli era um psiquiatra italiano que trabalhou com os contemporâneos Sigmund Freud e Carl Jung. Ele tinha um ótimo modelo para entender a mente e, portanto, é uma boa fonte para se entender por que cada mindset é diferente.

Assagioli criou um dos modelos mais abrangentes da psique, geralmente chamado de *"Diagrama do Ovo"*.[1]

Nos baseamos em seu modelo para explicar o mindset, porém usando nossa versão da psique. Nosso modelo fornece um mapa de mindsets que acessamos e experimentamos, o que permitirá a diferenciação dos tipos de conversas que mudam o mindset.

Vamos começar entendendo cada seção do nosso modelo simplificado de psique.

> **Eu Inferior:** Os mindsets aqui ainda não estão totalmente conscientes, e se concentram em velhas crenças que são adotadas ao longo do tempo. Por exemplo, pode ser que o líder que gostaria de dar mais feedback tenha a crença de que o feedback prejudicará seu relacionamento com os funcionários. Embora ele gostaria de mudar seu comportamento para poder dar feedbacks, na prática isso será substituído por este mindset. Este mindset inibe a mudança sustentável de comportamento.
>
> **Eu Superior:** Os mindsets aqui ainda não estão totalmente conscientes e concentram-se na conexão com significado, propósito e valores. Este é o eu superior — como alguém gostaria de ser. Ao fazer isso de forma consciente, você pode orientar outras pessoas sobre suas escolhas e liderar de uma maneira que realmente expresse suas aspirações mais elevadas.
>
> **Eu Consciente:** É disso que o coachee está ciente — o que está acontecendo agora e o que ele pode acessar com maior facilidade na memória. Essa é a parte que ele pode acessar para tomar suas decisões

diárias. Quando um coachee se torna consciente de um mindset, ele fará parte do eu consciente.

O **Ecossistema:** Imagine treinar alguém em uma cultura organizacional em que os funcionários juniores não desafiam os funcionários seniores. É normal, como animais sociais, adotar ou se impactar pelos comportamentos e crenças dos líderes dentro da empresa. Estes são os mindsets dentro do ecossistema. Portanto, os mindsets do coletivo frequentemente afetam os mindsets inconscientes dos coachees. Você verá que as conversas "Pensar" e "Relacionar" são maneiras pelas quais você, como coach, pode ajudar seus coachees a serem mais eficazes em um ecossistema mais amplo.

Ecossistema

- Eu Superior
- Eu Consciente
- Eu inferior

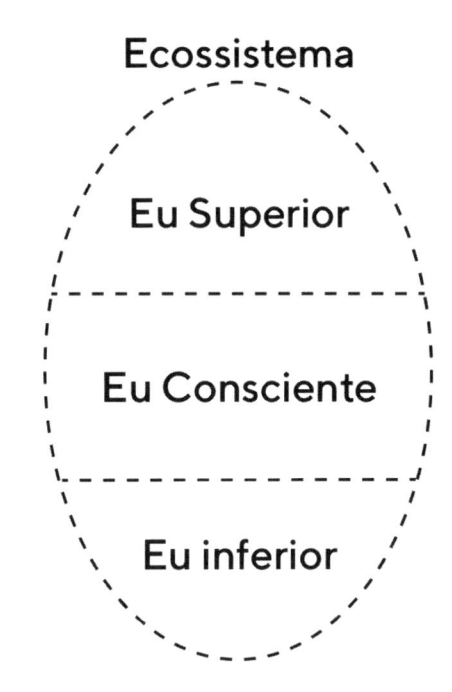

Figura 6-1: Um modelo simplificado da psique

As linhas pontilhadas ao longo do diagrama indicam que nenhuma seção do modelo está isolada das outras seções — um coachee se moverá entre elas no dia a dia. Por exemplo, em um momento, um coachee pode estar conectado ao seu mindset de valores do eu superior; em outro momento, pode reagir a um colega usando um antigo mindset de raiva e julgamento. Neste modelo, desenvolver-se é tornar-se mais consciente de todas as seções. À medida que um coachee se torna mais consciente, por exemplo, reconhecendo seus valores na seção eu superior, ele tem acesso a melhores escolhas, possibilidades e liberdade. Sua consciência média se expande para cima, para baixo e para fora.

Uma armadilha em que você pode cair é pensar que o eu superior é bom e o eu inferior é ruim. Não é assim que funciona. Todos os aspectos têm seus valores. Quando trazemos consciência para eles, o potencial que está preso no mindset do eu inferior ou do eu superior é liberado. Mas é quando os mindsets não estão conscientes que o potencial que se encontra dentro do "Eu" está perdido.

Assagioli referiu-se a essa jornada de integração de todos os aspectos da psique como psicossíntese.

Esse modelo simples do "Eu" é uma ótima maneira de entender as quatro áreas da mudança de mindset.

SER

A conversa "Ser" é sobre trazer conscientização para os mindsets, permitindo assim que o coachee tenha mais opções de escolha sobre seu estado. Isso ocorre porque as crenças inconscientes do eu inferior conduzem o comportamento do coachee. Mas como elas se encontram além da consciência, seu coachee não pode acessá-las.

A conversa "Ser" é sobre expandir o eu consciente para tomar consciência do eu inferior e, portanto, permitir que o coachee escolha uma resposta engenhosa à situação.

Veja o simples exemplo em que eu treinei um membro de nossa equipe para que fizesse uma apresentação. Ela estava nervosa, pois era sua primeira vez apresentando. Por meio do coaching, ela reconheceu o mindset que estava deixando ela nervosa: "E se eu não for boa o suficiente?", "E se eu não conseguir lembrar o que tenho que dizer? Eu ficaria envergonhada." Simplesmente expressar suas preocupações permitiu que sua mente consciente a desafiasse. Ao conscientizar seus medos, seu eu consciente pode optar por operar livre dessas crenças. Sua confiança cresceu e ela conseguiu fazer a apresentação com energia e paixão.

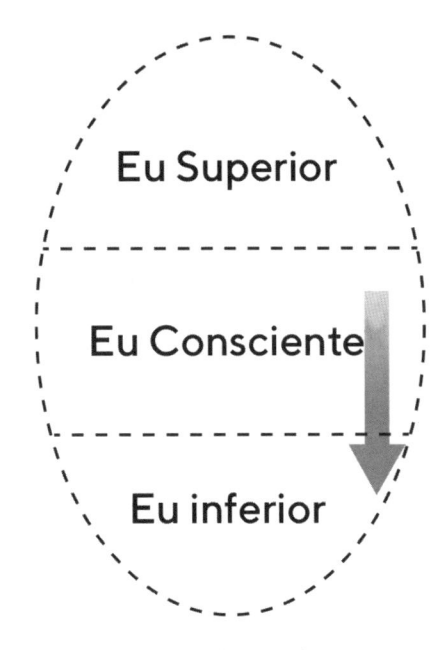

Figura 6-2: A mudança de mindset na conversa Ser

O impacto na liderança é significativo: nossos coachees poderão se autocontrolar melhor, reduzir o estresse, melhorar o seu bem-estar, ver com mais perspectiva e aumentar sua criatividade.

> Mudança **"SER"**
> O Eu consciente se expande para baixo.

Assim, a essência da conversa "Ser" é expandir a consciência em direção ao eu inferior.

RELACIONAR

Nossa conversa "Relacionar" aumenta a conscientização sobre mindsets fora da psique, em direção ao mindset de outras pessoas no ecossistema. O mindset do coachee também se expande no processo — eles têm maior consciência sobre os outros. Eles são capazes de navegar pelo ambiente e entender outras pessoas.

Por exemplo, um subordinado direto teve um grande desacordo com um colega. O mindset era: "Eles estão errados; como eles puderam não aprovar um orçamento para um treinamento de que eu precisava?" Ele estava irritado e chateado, e isso pode ser observado quando as duas pessoas se encontraram no mesmo lugar.

> Mudança
> **"RELACIONAR"**
>
> O Eu consciente se expande para aprender com os outros.

O que ajudou o subordinado direto foi reconhecer que o colega tinha um mindset próprio, e convidar o subordinado a tentar se abrir para o mindset e perspectiva do outro. Com isso, ele conseguiu entender que o colega estava simplesmente dando o seu melhor para se manter dentro do orçamento, o esperado em seu cargo. Não foi pessoal. Compreendendo e criando empatia pelos outros, o subordinado conseguiu mudar — expandiu seu próprio mindset para aceitar o de outras pessoas. Como resultado, ele agora conseguia abordar a conversa de forma menos defensiva, e eles puderam encontrar uma solução que seria melhor para ambos.

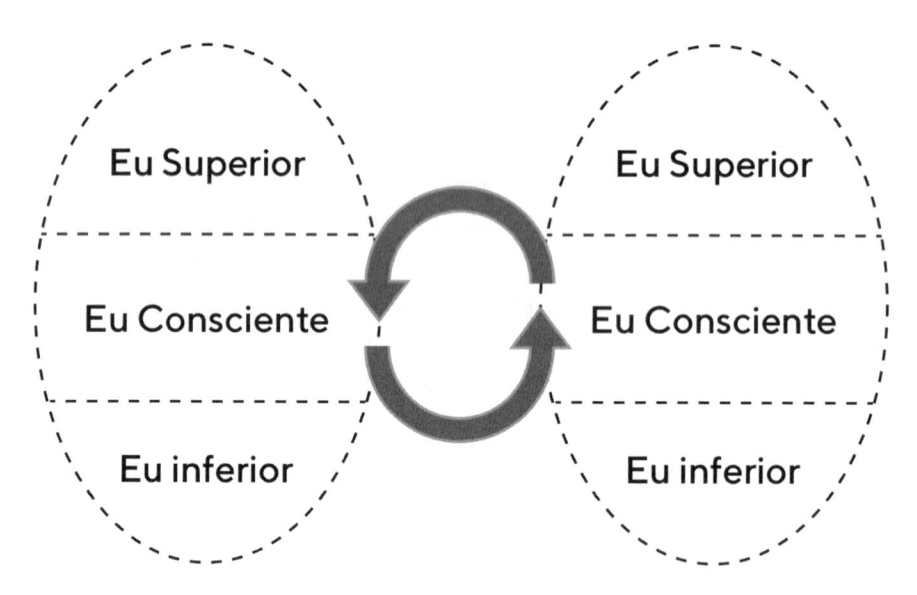

Figura 6-3: A mudança de mindset na conversa Relacionar

INSPIRAR

Por outro lado, a conversa "Inspirar" é essencialmente sobre explorar o Eu superior do nosso coachee. Ao tocar em seu senso de propósito, significado e valores, você é capaz de ajudá-lo a esclarecer quem ele realmente quer ser e a diferença que ele quer fazer.

> Mudança
> **"INSPIRAR"**
> O Eu consciente se expande mais além.

Dessa maneira, o coaching vai ajudá-lo a expandir seu Eu consciente em direção ao Eu superior.

À medida que nosso coachee se torna mais consciente de seus valores, sonhos e esperanças, ele pode optar por liderar e responder aos desafios à frente deles de uma maneira muito diferente.

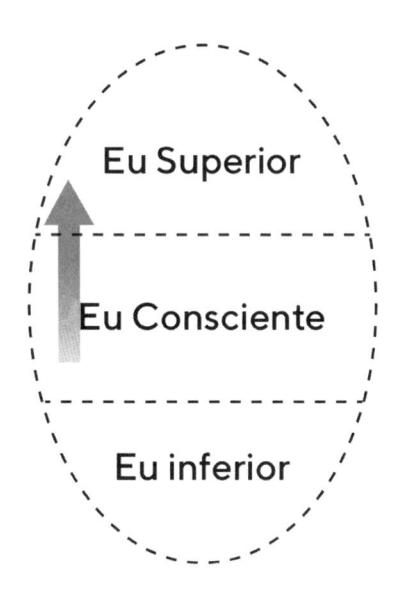

Figura 6-4: A mudança de mindset na conversa Inspirar

PENSAR

A conversa "Pensar" é sobre expansão externa, mas desta vez expandindo-se para o ecossistema — um mundo mais amplo — e com isso desafiar o mindset.

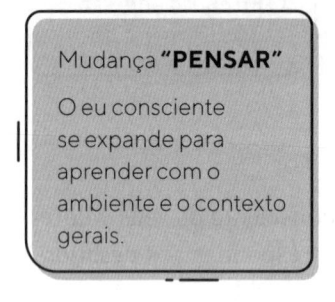

> **Mudança "PENSAR"**
>
> O eu consciente se expande para aprender com o ambiente e o contexto gerais.

Por exemplo, o ex-CEO da Starbucks, Howard Schultz, desafiou a visão ou o mindset dos Estados Unidos de que o café era apenas uma commodity. Ele se inspirou no mindset romântico que italianos tinham sobre o café. Com isso, criou a Starbucks, uma mudança de mindset sobre cafeterias, chamando-a de casa do café: "Um terceiro lugar entre trabalho e casa."[2] Esse tipo de experiência em cafeterias dominou o mundo — e agora tornou-se um mercado bilionário.

A essência de toda inovação envolve desafiar as visões familiares que o coachee possui do mundo — os mindsets que estão no ecossistema ou na cultura — com a curiosidade, a escuta e a criação de novas possibilidades. A conversa "Pensar" é sobre expandir o Eu consciente em direção a um ecossistema mais amplo.

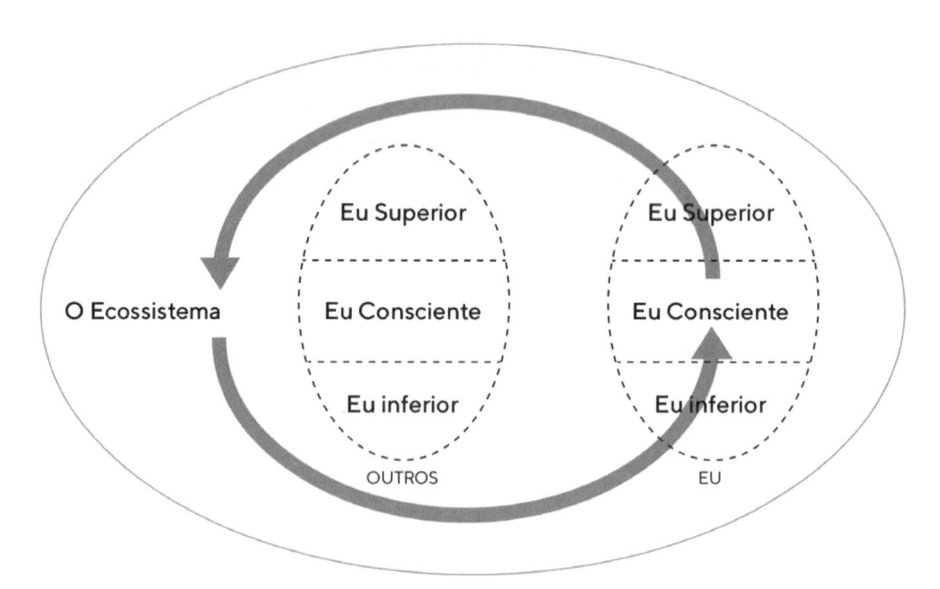

Figura 6-5: A mudança de mindset na conversa Pensar

Usando esse modelo, podemos ver que cada mudança é diferente na medida em que abrem, de forma consciente, todas as áreas distintas da psique. Também é óbvio que cada área exigirá diferentes intervenções de coaching para apoiar a mudança de mindset relacionada a cada área.

Desafio Dois: Por que utilizamos essas quatro áreas?

A melhor maneira de responder a isso é vendo como nossas quatro áreas se correlacionam com o trabalho de outros grandes autores. Vamos abordar um por vez.

Daniel Goleman

Daniel Goleman é um escritor conhecido e líder influente no campo de inteligência emocional no local de trabalho. Sua pesquisa mostrou os benefícios do desenvolvimento da inteligência emocional ou EQ (Emocional Quotient) nos líderes. Por exemplo, seu último modelo de inteligência emocional possui quatro dimensões:

- Autoconsciência
- Autogestão
- Consciência social
- Gerenciamento de relacionamento

Ele destacou dezoito competências nessas dimensões.[3]

Vemos que a nossa conversa "Ser" está alinhada com o desenvolvimento da autoconsciência e da autogestão, para que o coachee fique ciente das vezes em que ele se encontra dentro da caixa, e com isso utilizar a ferramenta EVE para gerenciar seu estado. A mudança de mindset na conversa "Relacionar" se alinha com o desenvolvimento da consciência social e gestão de relacionamentos. Em outras palavras, o trabalho de Goleman parece destacar a importância das conversas "Ser" e "Relacionar" no desempenho.

Peter Senge

Peter Senge é um dos líderes mais influentes no campo do desenvolvimento individual e organizacional nos dias de hoje. Sua visão sobre o desenvolvimento individual é definida dentro do framework de que organizações que aprendem terão a grande vantagem competitiva.[4]

Uma organização que aprende é aquela que não depende apenas de gestores seniores para pensar por todos. Pelo contrário, convida e desafia os líderes a acessarem seus recursos e potenciais para construir sua própria comunidade com base na vontade coletiva de aprender.

Seu trabalho inspirador, A Quinta Disciplina, descreve cinco disciplinas que devem ser dominadas pelos líderes ao introduzir um aprendizado dentro de uma organização. Essas cinco disciplinas são:

1. Pensamento sistêmico: Relacionado à capacidade de ver o quadro geral, ver padrões em vez de apenas visualizar as alterações como eventos isolados. É ver que somos interconectados pela maneira como operamos, resolvemos desafios e agimos.

2. Domínio pessoal: Começa por se comprometer a aprender ao longo da vida. Trata-se de ser realista, sincero e comprometido com o seu potencial.

3. Modelos mentais: Esta disciplina é sobre aprender a deixar de lado alguns de nossos pensamentos — nossas crenças e generalizações — e observar como isso impacta dramaticamente a forma como lidamos com a nossa vida. A verdadeira mudança só pode acontecer quando estamos abertos e livres desses tipos de pensamentos.

4. Visão compartilhada: No mundo de hoje, as visões não podem ser ditadas de cima para baixo. Esta disciplina começa com visões pessoais de funcionários individuais. Criar uma visão compartilhada tem o poder de unir uma organização, promovendo um compromisso em longo prazo.

5. Aprendizado em equipe: É o processo de desenvolvimento da capacidade de trabalharem juntos para obter os resultados desejados, por meio da instigação de um mindset de aprendizado.[5]

Nossas quatro áreas estão claramente alinhadas com as cinco disciplinas de Senge: a conversa "Ser" desencadeia mudanças no domínio pessoal e nos modelos mentais, a conversa "Relacionar" desbloqueia mudanças no aprendizado em equipe, a conversa "Pensar" desbloqueia mudanças no pensamento sistêmico, e a conversa "Inspirar" desbloqueia mudanças na construção de visões compartilhadas.

James Kouzes e Barry Posner

James Kouzes é o líder executivo da Santa Clara University Leavey School of Business e é citado como um dos doze melhores educadores pelo Wall Street Journal. Barry Posner é professor na Leavey School of Business. Juntos, eles escreveram mais de uma dúzia de livros sobre liderança, incluindo O Desafio da Liderança, que já vendeu mais de 2 milhões de cópias pelo mundo.

Nesse livro, eles descrevem suas cinco práticas exemplares de liderança, com base em pesquisas que fizeram com milhares de líderes:

1. Modelar o caminho: Para ganhar credibilidade, os líderes devem esclarecer seus valores e expressá-los para todos na organização. Eles também devem servir de exemplo para os outros em seu compromisso com valores. Os compromissos necessários para esta prática são "esclarecer valores" e "dar o exemplo".

2. Inspirar uma visão compartilhada: Isto tem dois compromissos. Primeiro, propósito. Segundo, "influenciar outros funcionários" para que possam tornar isso realidade.

3. Desafiar o processo: Os dois compromissos desta prática são "procurar por oportunidades" e "experimentar e correr riscos", permitindo que, assim, a organização possa crescer, inovar e melhorar continuamente.

4. Permitir que outras pessoas também possam agir: Os compromissos com esta prática são "estimular a colaboração" e "fortalecer outras pessoas", para que possam reconhecer que o sucesso ocorre nas equipes que estão colaborando em conjunto.

5. Incentivar o coração: Pessoas com espíritos inspiradores que se comprometem em "reconhecer contribuições" e "celebrar valores e vitórias".[6]

Aqui vemos um forte alinhamento com as quatro mudanças de mindset: "modelar a maneira" e "inspirar com uma visão compartilhada" se alinham com as conversas "Ser" e "Inspirar" (a conversa "Ser" trata de fazer escolhas conscientes como líder, e a conversa "Inspirar" se concentra em esclarecer nossos valores e expressá-los por meio de uma visão que pode ser compartilhada com outras pessoas); "desafiar o processo" é mapeado dentro da nossa conversa "Pensar"; nossa conversa "Relacionar" se alinha às duas últimas práticas "permitir que outras pessoas também possam agir" e "incentivar o coração".

Howard Gardner

Gardner argumentou que os seres humanos possuem uma gama de inteligências e que o QI não era a única medida de avaliação de inteligência, vendo essas avaliações como "unidimensionais".[7] Ele também observou que inteligências se desenvolvem, e que cada indivíduo tinha uma combinação de inteligências em todo espectro, que incluía inteligência musical e espiritual. As três inteligências do trabalho de Gardner fundamentais para a liderança serão descritas a seguir.

- A inteligência lógico-matemática consiste em nossa capacidade de analisar problemas, investigar, detectar padrões, raciocinar dedutivamente e pensar logicamente.

- A inteligência intrapessoal consiste em nossa capacidade de entender a nós mesmos — sentimentos, medos, impulsos e motivações. Envolve a capacidade de usar essas informações para nos regular.

- A inteligência interpessoal consiste em nossa capacidade de entender as intenções, motivações e desejos de outras pessoas. Permite trabalharmos efetivamente com outras pessoas.

Existe claramente uma correlação direta entre essas lideranças fundamentais de inteligências e nossas quatro conversas (com extensa pesquisa mostrando o impacto benéfico do desenvolvimento dessas inteligências): nossa conversa "Ser" preocupa-se com o desenvolvimento de nossa inteligência intrapessoal; a conversa "Inspirar" também desenvolve nossa inteligência intrapessoal (nos fazendo entender o que nos motiva por meio de nossos valores); a conversa "Pensar" desenvolve nossa inteligência lógico-matemática; a conversa "Relacionar" desenvolve nossa inteligência interpessoal.

Gardner nos oferece uma lente sobre as quatro conversas: cada quadrante é uma linha de inteligência que cresce conforme nosso mindset muda e se expande. Assim, diferentes líderes terão pontos fortes em cada uma delas, e é importante, ao aplicar o coaching em um líder, descobrir a área em que precisam mudar. Por exemplo, sabemos que alguns líderes são muito bons em inovação, mas ao mesmo tempo podem ser fracos em suas habilidades com gestão de pessoas — a conversa "Pensar" será poderosa, mas podem ser necessárias mudanças na conversa "Relacionar".

Conclusão

Claramente, existe uma consciência crescente de que o comportamento eficaz e o impacto na liderança são facilitadores críticos do desempenho nos negócios.[1]

As conversas "Ser", "Pensar", "Relacionar" e "Inspirar" são claramente fundamentais para alcançar esse objetivo, e são exclusivamente diferentes. Cada uma delas se concentra em uma área diferente de nós mesmos e na liderança. Assim, treiná-las requer uma abordagem diferente — uma vez identificada a área que precisa mudar, podemos variar nossa abordagem de coaching com maior precisão para atender à mudança que nosso coachee precisa fazer.

Capítulo **7**

A psicologia do mindset

ESTE CAPÍTULO VAI UM POUCO mais além, para aqueles que queiram explorar o que é realmente necessário para que a mudança de mindset ocorra.

Transformação e mudança são palavras que estão na moda no mundo do coaching hoje em dia. Mas realmente sabemos o que é preciso para mudar o mindset? Imagine que você esteja em um estado negativo. Se eu, ou qualquer outro coach, disser: "Bem, apenas mude de ideia quanto a isso", você provavelmente não fará isso.

Em nossas quatro conversas, mostramos maneiras de mudar o mindset com sucesso. Mas qual é o "molho secreto" da mudança de mindset que reside em nossas conversas? Se conseguirmos desvendar os elementos-chave, podemos depois desenvolver maior domínio ao utilizar o coaching em outras pessoas, e em seus mindsets. Este é o principal assunto deste capítulo.

Neste capítulo, vamos:

- Entender os cinco princípios fundamentais, o "molho secreto" para a mudança de mindset. (Usaremos as quatro conversas como exemplos.)
- Explorar como é possível desenvolver o domínio da transformação do mindset em cada uma das conversas.
- Observar as quatro principais barreiras à mudança e como superá-las. Se fosse simples, todos os coachees mudariam seus mindsets. Claro, existem obstáculos pelo caminho, como você já deve saber. Veremos algumas maneiras de como trabalhar com esses obstáculos.

Como diz o título, este capítulo é uma chance de ir mais além neste assunto. Você não precisa disto para as quatro conversas, mas este capítulo ajudará quem quiser ter o domínio.

Uma simples metáfora para a mudança

Vamos deixar as conversas de coaching por um momento e pensar na transformação em si. Reserve um momento para refletir amplamente sobre esta questão: O que é transformação ou mudança?

Observe a linguagem *trans* e *formar*, trata-se de mudar o formato. Na natureza, temos a adorável metáfora da lagarta se transformando em uma linda borboleta, e podemos aprender algumas coisas com ela. A lagarta não muda automaticamente para uma borboleta. Há um período de transição dentro da pupa — é um processo de abandonar o antigo e fazer a transição para o novo.

Veremos a seguir um exemplo que nos conectará novamente às conversas de coaching. Treinei uma pessoa que estava obviamente perturbada, tinha acabado de sair de uma reunião com seu chefe. "Cometi um erro, e meu chefe estava irado", disse ela, apavorada. "Sei que estou dentro da caixa, mas estou me sentindo muito chateada e irritada comigo mesma neste exato momento."

Ao explorarmos a situação no coaching, ela percebeu que sua conversa interna era exagerada.

- Ela não "cometeu um erro". O que aconteceu foi ela não saber a resposta correta para uma pergunta em particular.

- Ela não sabia se seu chefe estava bravo. O chefe dela levantou as sobrancelhas quando ela disse que não tinha uma resposta para aquela questão em particular — ele poderia estar curioso, confuso ou simplesmente teve uma contração nas sobrancelhas.

Ao explorarmos o que havia acontecido com ela, ela não viu apenas as limitações da sua conversa interna, mas, com a ajuda do seu "Realista", aceitou que já havia provado seu valor como líder.

O incidente da sobrancelha a ajudou a perceber que estava muito preocupada com a forma que outras pessoas a viam, e ela não precisava disso. Isso permitiu que ela encontrasse um novo nível de confiança que poderia aplicar em muitas outras conversas. Uma nova visão de mundo — graças a uma sobrancelha levantada!

Você provavelmente reconheceu que esta é a mudança de mindset da conversa "Ser". Podemos dizer que o antigo mindset ou antiga visão era como a lagarta. Este é o mindset dentro da caixa. Esse mindset estava controlando sua experiência, levando-a a interpretar a situação com suposições que não eram realistas. Seu novo mindset ou visão de mundo era sua borboleta. Estava vendo o mundo com mais sinceridade, a partir do mindset do seu "Realista". Ela mudou a forma de seu mindset. Seu mundo parecia diferente. Ela transformou sua experiência, não apenas durante essa, mas em muitas situações futuras. Obviamente, isto exige prática consciente. Essa é a essência de todas as conversas para mudança de mindset: transformar o mindset antigo em um novo.

Se estendemos mais, teremos acesso a diversos mindsets.

A neurociência confirma que temos múltiplos mindsets e visões de mundo (às vezes, chamadas de subpersonalidades) disponíveis para nos compor. Cada subpersonalidade é uma combinação de pensamentos, sentimentos e fisiologia.[1]

Por que é útil pensar em nossos mindsets como subpersonalidades? O coachee pode nomear ou imaginar a subpersonalidade como um personagem; fazendo isso, será menos dominado pela subpersonalidade no momento. Talvez você tenha visto o filme *Divertida Mente*, em que dentro da jovem garota tem cinco "subpersonalidades", e essas personalidades controlam suas reações, escolhas e comportamento.[2] Essas subpersonalidades são representações de nossos mindsets. Às vezes, eles estão alinhados e às vezes estão em conflito. É uma ótima maneira de entender o que realmente acontece.

Podemos ver isso claramente quando você está dirigindo seu carro e alguém corta na sua frente de repente. Em um dia, você pode experimentar sentimentos de raiva, uma resposta fisiológica de coração acelerado e pensamentos sobre o quão imprudente o outro motorista foi e como você pode planejar sua vingança. Você é tomado por uma subpersonalidade específica. Talvez, em outro dia, você responda a isso de outra maneira, com mais calma e com um mindset que não fica perturbado. Um mindset ou subpersonalidade diferente estará "comandando" sua experiência.

Voltando ao exemplo da mulher cujo gatilho foram as sobrancelhas levantadas de seu chefe, poderíamos dizer que ela foi tomada por uma subpersonalidade específica, que procura aprovação dos outros. Em outro dia (certamente ela também teve esta experiência), outra subpersonalidade poderia estar presente, e assim ela não seria afetada pelo que os outros pensam sobre ela. Esta poderia ser a subpersonalidade Realista.

Juntando isso com a metáfora da borboleta, estamos nos libertando de uma subpersonalidade com mindset específico e abraçando uma nova subpersonalidade ou mindset. Nossa visão ou visão de mundo se transformou.

Por meio das quatro ferramentas, EVE, Veja–Ouça–Fale, IME e Ciclo do Pensamento Inovador, podemos ensinar o coachee a mudar de uma subpersonalidade para outra, expandindo sua capacidade de escolha.

Todas as ferramentas transformacionais são sobre mudar visões de mundo ou mindsets: de uma limitada para uma mais expandida. E por que isso é importante? Bem, vimos que, com isso, o coachee é capaz de acessar mais perspectiva e escolhas, obtendo um impacto diferente nos outros e nos negócios.

1. Conversa "Ser": O coachee muda de sua subpersonalidade estimulada para sua subpersonalidade realista utilizando a ferramenta EVE.
2. Conversa "Relacionar": O coachee muda de uma subpersonalidade enraizada em sua visão do mundo para uma que é mais empática e passa a compreender melhor outras pessoas, utilizando a ferramenta Triân-

gulo da Presença na etapa Veja. Ele continua expandindo seu mindset durante as etapas Ouça e Fale.

3. Conversa "Inspirar": O coachee muda de uma subpersonalidade orientada por tarefas para uma subpersonalidade inspirada e guiada por valores utilizando a ferramenta IME.

4. Conversa "Pensar": O coachee se move da sua maneira usual de resolver problemas ou de sua subpersonalidade habitual para uma subpersonalidade curiosa e inovadora, utilizando o Ciclo do Pensamento Inovador. Em outras palavras, ele muda da subpersonalidade do pensamento verde para a subpersonalidade do pensamento azul.

Estas são as mudanças da lagarta para as perspectivas da borboleta em cada uma das conversas. Cada subpersonalidade nova vem com sua própria visão de mundo. Como dissemos no início, o mindset será expressado como comportamentos, impactando assim outras pessoas e os resultados no trabalho.

Embora existam várias subpersonalidades e mindsets, este livro é sobre as quatro mudanças gerais de mindset que surgem repetidamente. Cada pessoa terá sua visão de crítico ou pessimista, por exemplo, mas a mudança para sua versão do "Realista" continua a mesma.

Com esse entendimento, podemos ver o que isso significa na transformação bem-sucedida do mindset do coachee. Como você pode dominar essas ferramentas? Você não pode simplesmente pedir que alguém abandone sua antiga visão de mundo (a lagarta em nossa metáfora) e aborde uma nova visão (a borboleta) sem considerar o processo de mudança.

Dominando as ferramentas

O que ajudou a mulher no exemplo que demos na conversa "Ser"? Muito embora essa cliente soubesse que estava na caixa, há um grande caminho entre saber que sofreu gatilho de seu gerente e descobrir uma personalidade mais confiante e segura. Certamente, não foi suficiente apontar que ela estava dentro da caixa. Nem foi suficiente ajudá-la a colocar racionalmente a sobrancelha levantada em perspectiva. O que transforma a simples ideia de uma sobrancelha levantada em uma oportunidade para mudar algo de forma significativa?

Pense em seus próprios exemplos. O que te ajuda a olhar para uma situação de uma perspectiva completamente diferente? Observando outro exemplo que demos na conversa "Relacionar", imagine que você esteja começando a se desentender com alguém — qualquer vontade que você tinha de influenciar ou colaborar sumiram. O que pode ajudá-lo a ver e ouvir a outra pessoa no calor do momento? O que pode ajudá-lo a se colocar no lugar da outra pessoa, quando esta é a última coisa que você pensa em fazer?

Voltando aos nossos coachees, o que poderia ajudá-los a mudar de seus mindsets ou subpersonalidades limitadas, para mindsets ou subpersonalidades mais engajadas e livres — tendo esse mindset a ver com o desenvolvimento da sua perspectiva Realista (Ser), a observação do mundo através da perspectiva de outras pessoas (Relacionar), o envolvimento de seus valores na criação de sua direção e visão (Inspirar), o dar um passo atrás e acessar seu mindset inovador do pensamento azul (Pensar) — especialmente em momentos críticos, nos quais o impacto da transformação do mindset pode ser significativo?

Com a compreensão da transformação e subpersonalidades, vamos explorar as cinco dimensões que apoiam essa transformação.

Vale a pena dizer isto antes de começar: dominar essas cinco dimensões leva tempo. Não se apresse em aprender e experimentar, escolha a dimensão que desperta o interesse em desenvolver suas habilidades, antes de passar para a próxima.

As Cinco Dimensões

Primeira Dimensão:
Aprimorando suas experiências reais e específicas

Nas conversas "Ser", "Relacionar" e "Inspirar", você convida o coachee a experimentar um cenário específico no momento e a usar o verbo no presente, em vez de falar genericamente. Por exemplo:

- Na conversa "Ser", o coachee é convidado a identificar e experimentar um gatilho específico, em um momento ou horário específico em que estavam conectados ao seu eu "Realista".

- Na conversa "Relacionar", você pede ao coachee que ele compartilhe um exemplo real do exato momento em que o conflito ou desentendimento ocorreu enquanto utiliza a ferramenta Triângulo da Presença, em vez de falar genericamente sobre o porquê de o relacionamento não estar funcionando ou o que há de errado com ele.

- Na conversa "Inspirar", você pede ao coachee para imaginar e entrar em um momento específico do futuro em que escreverão suas cartas, em vez de falar genericamente sobre o futuro distante. Você, então, os treinará para enfrentar a realidade atual e a realidade desejada no exercício do Elástico.

- Também podemos aplicar este princípio na conversa "Pensar": você pode explorar situações ou momentos específicos em que o coachee está frustrado com algo e assim fazer o questionamento correto. Você pode, se for útil, pedir que eles se conectem a um momento específico em sua experiência, quando estavam utilizando o mindset do pensamento azul.

Existem três razões pelas quais isto é importante.

A primeira, que se aplica às conversas "Ser" e "Relacionar", é que especificar uma situação real realmente ajuda a entender e tornar a "lagarta", ou subpersonalidade, consciente antes que o coachee a abandone.

Existem muitas pessoas com quem trabalhamos que nem percebem que são, por exemplo, capturados por suas suposições subjacentes, incluindo a conversa interior de seu "Crítico" e "Pessimista". Para eles, isso é normal. Ao imaginar o momento específico em que se encontram na caixa, eles serão capazes de ver os padrões e suposições que os guiam quando são pegos por esse mindset. O coachee então abre uma nova possibilidade, permitindo uma nova perspectiva. De outra forma, ele continuará a seguir sua conversa interior.

O conto de fadas da princesa e a ervilha descreve isso muito bem. Se você não conhece, uma princesa estava tentando dormir, mas, sem saber, estava deitada em cima de uma ervilha. O desconforto não a deixava dormir. Para resolver o problema, ela acrescentou outro colchão. Isso não funcionou, então ela decidiu acrescentar outro colchão, e isso continuou até que alguém mostrou para ela que havia uma ervilha embaixo do seu colchão e que era isso que estava gerando desconforto. Isso é o que acontece quando o coachee é pego por um mindset limitante: ele continua não tendo consciência do que está causando seu desconforto. Trabalhando esse exato momento, é possível desvendar a fonte que ativa o gatilho — seu mindset.

Ao trabalhar com experiências reais, o coachee é capaz de acessar toda a experiência daquela subpersonalidade ou visão de mundo quando está ativa — o coachee experimenta conscientemente a fonte do gatilho (a ervilha), e, portanto, pode deixar de usá-lo.

Retornando à segunda razão, por um breve momento voltaremos no tempo para falar sobre uma importante descoberta de Sigmund Freud. Você deve conhecê-lo por conta de seu trabalho em popularizar a ideia de que temos um inconsciente. Contudo, outro insight veio de seu trabalho com o trauma. Ele descobriu que, se pudéssemos experimentar novamente o evento traumático (que mais tarde era feito com hipnose), o trauma seria liberado.[3] Bem, as pessoas com quem trabalhamos não estão traumatizadas! E não estamos planejando fazer terapia com nossos colegas de trabalho. Mas o princípio ainda se aplica — se nós experimentássemos o momento do gatilho (por exemplo, desencadear o momento em que entramos na caixa ou quando entramos em conflito), seria muito mais fácil deixar de lado a subpersonalidade pela qual somos pegos. Se nesse exato momento você puder trabalhar com os sentimentos, pensamentos e sensações fisiológicas da subpersonalidade do coachee (com sua permissão, é claro), existe uma grande chance de o coachee se libertar dessa subpersonalidade.

Agora entendemos isso melhor pela perspectiva da neurociência. Quando o gatilho de um coachee é acionado, seu cérebro é sequestrado por suas emoções e reações, enviando sinais pelo corpo para lutar, fugir ou congelar. O comportamento é correspondente ao seu estado. Ao descrever a experiência autobiograficamente com experiências reais, o coachee é capaz de processar sua experiência. Com isso, o sistema nervoso relaxa novamente. E assim eles podem fazer escolhas mais conscientes.

Em outras palavras, se uma subpersonalidade específica for ativada, o coachee não pode se desfazer dela. Ele precisa enfrentá-la e experimentá-la antes de se livrar dela.

Para usar o modelo da psique do Capítulo 6, você efetivamente, primeiro, precisa trazer o mindset para a consciência do eu consciente, a fim de se tornar consciente para depois se livrar dela. Esta é a chave do processo de transformação — experimentar e deixar a subpersonalidade ir embora para que uma nova possa emergir.

Além disso, você também pode ajudar o coachee orientando sua experiência com a nova subpersonalidade ou mindset — você também pode ajudá-lo a estabelecer novos caminhos neurais que, com a prática, se tornarão caminhos comuns.

A terceira razão para experimentar o momento específico é que o coachee é capaz de ver e acessar as qualidades das subpersonalidades — até as que eles acham que são negativas. No Capítulo 6, falamos sobre o fato de que mindsets não são ruins. Eles têm o seu valor. É a isso que estamos nos referindo aqui. Por exemplo, uma qualidade em nossa subpersonalidade pessimista pode ser nossa capacidade de ficarmos alertas sobre problemas futuros. A qualidade em nossa subpersonalidade crítica pode ser o discernimento.

Imagine que talvez um coachee quisesse se livrar de uma subpersonalidade crítica e ser sempre otimista. Ele teria uma percepção errônea sobre sua vida. Em vez disso, é útil ver o valor que vem da crítica — a capacidade de discernir o que poderia ser melhorado. Somente quando um coachee é pego acreditando nos exageros e dramas da subpersonalidade crítica, que o impede de ouvir o valor e a qualidade, que isso se torna um problema. Observamos isso na conversa "Pensar" — existem valores nas frustrações, e, se o coachee puder tomar consciência de todos os seus mindsets e subpersonalidades, ele pode transformá-los em oportunidades criativas. Todas as subpersonalidades são potenciais poderosos que podem ser aproveitados quando o coachee é consciente naquele momento.

Dicas / Sugestões

Perguntas que podem ser feitas ao coachee, ao se conectar a um determinado momento:

Ser (EVE): Quando esse gatilho ocorreu pela última vez? O que aconteceu especificamente? Você possui algum exemplo específico de quando entrou na caixa? Imagine que possa ver o momento em que o gatilho foi acionado em uma tela de cinema bem à sua frente. O que você está vendo ou sentindo (no tempo presente)? Volte naquele momento — Como você imagina essa situação agora? Como você se sente ao descrever a situação?

Quando foi a última vez em que você se viu no seu "Realista"? Imaginando-se naquele momento, qual é a experiência do "Realista"? Como é essa experiência em sua fisiologia? O que é importante na conversa interior? Quais valores podem ser expressados aqui?

Relacionar (Triângulo da Presença): Quando foi a última vez que esse conflito ocorreu? Agora, imagine que a outra pessoa esteja na sua frente. O que você está vendo ou sentindo? O que está dizendo a si mesmo sobre ela? Como você se pega reagindo? O que em sua perspectiva pode conter alguma verdade que você gostaria de manter? Como poderia compartilhar essa verdade, sem julgamentos?

Inspirar (Carta do Futuro): Escolha um momento específico no futuro. Me diga um momento futuro que é significativo para você. Agora, imagine que você esteja nesse momento futuro. Como você está se sentindo? Como está sendo essa experiência? O que você vê ao seu redor?

Pensar (Ciclo do Pensamento Inovador): Quando foi a última vez que você se sentiu frustrado com relação a como as coisas estavam em seu negócio? Imagine-se naquele exato momento. Enquanto você pensa naquela situação, em qual parte se sentiu frustrado? O que pensa sobre isso? O que está frustrando você? O que percebe que está frustrando os outros?

Geralmente, você pode fazer perguntas como: Qual imagem, personagem ou metáfora poderia descrever você neste momento? Qual é o seu comportamento? Quais são os padrões típicos de pensamento associados a isso? Quais são suas necessidades? Quais são os seus valores? Estas perguntas permitem que o coachee realmente se torne consciente de sua subpersonalidade, para que ele possa vê-la enquanto está ativa.

Segunda Dimensão: A magia dos sentimentos

Trabalhar apenas no nível racional não cria mudanças duradouras. Por exemplo, em um desacordo, um coachee pode dizer racionalmente a si mesmo que existe outro ponto de vista, mas, ainda assim, se encontra, naquele momento, lutando por seu ponto de vista a todo custo.

A psicologia do mindset

Cada subpersonalidade, ou visão de mundo, possui os componentes dos pensamentos, sentimentos e respostas fisiológicas. Falar sobre a subpersonalidade que foi desencadeada não é suficiente.

Pense naquela situação em que você foi cortado por outro motorista — no momento, você sentirá frustração e raiva. Também sentirá falta de ar e o coração acelerado.

O que descobrimos, na prática, é que, se não nos envolvermos com os sentimentos do coachee, é provável que ele esteja vulnerável a retornar ao seu estado original.

Sabemos que falar sobre sentimentos quando o coachee está chateado pode ajudá-lo a se libertar e se sentir mais leve. Existe até um clichê: um problema compartilhado é meio problema. Seres humanos às vezes precisam expressar seus sentimentos para se libertar. É muito mais fácil se libertar de uma subpersonalidade expressando os sentimentos que estão associados a ela. A mágica é o poder da inteligência emocional.

É saudável fazer isso, especialmente quando somos pegos por uma emoção muito forte em torno de uma situação em particular. Às vezes, o coachee precisa dizer quando alguém ultrapassou os limites, para poder fornecer um feedback útil para a pessoa. Isso é bom. Quando feito de forma consciente, ele não precisa sabotar o relacionamento durante esse processo. Ele pode se libertar e depois voltar para a situação com um aspecto mais centralizado de si mesmo. Perguntas como: "Como você se sente?", "Como você está enfrentando isso agora?" ou "O que está acontecendo?" podem ser realmente úteis, se combinadas com uma boa escuta.

Do ponto de vista da neurociência, o estímulo emocional que uma pessoa pode experimentar em situações de conflito ou quando não está se sentindo bem pode ser acalmado significativamente apenas expressando-o em palavras.

Alex Korb fez um estudo com ressonância magnética intitulado "Putting Feelings into Words [Colocando sentimentos em palavras, em tradução livre]". A ressonância magnética funcional mede a atividade cerebral, detectando alterações associadas ao fluxo sanguíneo. É uma forma inovadora de medir dados objetivos sobre nosso cérebro. No estudo, foram mostradas fotos aos participantes, que consequentemente causaram uma reação no centro emocional do cérebro, a amígdala. Mas quando eles nomearam a emoção, outra parte do cérebro, o córtex pré-frontal ventrolateral, foi acionada e assim reduziu a reação da amígdala. "Reconhecer com consciência as emoções reduzirá seu impacto... [D]escreva uma emoção utilizando uma ou duas palavras, isto ajudará a reduzir a emoção", concluiu o autor.[4]

Muitas pessoas acreditam que é possível esconder seus sentimentos, na esperança de que eles vão embora. Isso nunca funciona. Sabemos disso porque, depois de um dia estressante no trabalho ou um gatilho, é difícil parar de pensar nisso.

Vejamos um exemplo da conversa "Relacionar". Eu me lembro que recentemente tive um desentendimento com a minha esposa. Ela estava "me lembrando" que eu havia esquecido de fazer algumas tarefas domésticas. Eu reagi: "Pelo menos, pergunte como foi meu dia! Se soubesse pelo que passei, você não reclamaria de algo tão mesquinho." Dá pra imaginar o que aconteceu em seguida. Uma resposta igualmente forte de volta, um pouco de toma lá, dá cá, seguida por uma noite estranha. Minha subpersonalidade de "Demônio da Tasmânia" foi desencadeada, se negando a ouvir ou se comprometer com algo.

Meu irmão apareceu logo depois. Ele me viu furioso, e expliquei o que havia acontecido. Ele respondeu dizendo: "Ei, tente ver isso da perspectiva dela."

Apesar de ele, cheio de boas intenções, ter tentado mudar minha perspectiva ou mindset, eu poderia ter começado uma discussão com ele por causa disso. Eu não estava pronto para abandonar ou mudar minha perspectiva tão rapidamente. Eu precisava desabafar. Se eu tivesse compartilhado meu estado e expressado a minha frustração logo de cara, talvez seria mais fácil abrir espaço para ter um outro ponto de vista.

Se eu tivesse parado por alguns minutos para nomear meus sentimentos e expressar minha perspectiva, a oportunidade de ver a perspectiva do outro seria mais possível. Não podemos empurrar nosso mindset para outra forma de observar com muita rapidez.

Muitas vezes, as pessoas tentam analisar suas opções rápido demais. Elas tentam continuar e fingir que nada aconteceu. Mas isso é muito arriscado.

David Rock cita pesquisas que mostram pessoas que não conseguiram suprimir resultados negativos de experiências emocionais. Elas podem ter escondido eles externamente, mas descobriram usando a ressonância magnética que o sistema emocional ou "sistema límbico foi despertado sem supressão e, em alguns casos, até mais aflorado. Tentar não sentir algo não funciona, e em alguns casos até sai pela culatra".[5]

Saber as dimensões dos sentimentos pode ser útil para relaxar o sistema nervoso e libertar nossos coachees desses sentimentos negativos, que, por sua vez, também podem afetar seus pensamentos. Emoções não expressadas podem atrapalhar quando o coachee quer se libertar de uma subpersonalidade, e também pode atrapalhar a entrada de uma nova subpersonalidade.

Dicas / Sugestões

A maneira mais simples de trabalhar com os sentimentos é ouvindo eles.

Pergunte: Como você se sente sobre isso?

Reflita sobre os sentimentos: "Você parece zangado", "Você parece triste enquanto diz isso."

Fazer isso — estando disposto a ouvir e dar espaço para a resposta — já é suficiente.

Se quiser se aprofundar mais, pode trabalhar com a fisiologia, usando os movimentos. Por exemplo:

Relacionar: Se você estiver trabalhando com alguém no Triângulo da Presença, pode pedir que sentem em três cadeiras diferentes: uma cadeira para eles mesmos, uma para a outra pessoa e outra para o observador. À medida que avançam em cada etapa, eles podem se sentar na cadeira correspondente e conectar-se para experimentar aquela posição.

Inspirar: Você pode pedir para eles imaginarem um lugar na sala onde eles possam ver o seu futuro eu, e depois caminhar até esse lugar. Lá, eles podem escrever sua carta do futuro e explorar seus valores.

Ao trabalhar com outras pessoas, vale a pena ter um mindset empático: a pesquisa de Korb em pacientes que procuram médicos por um curto período mostrou que eles se recuperaram antes do previsto por causa de uma resposta empática, e mostraram um sistema imunológico melhorado por conta da empatia.[6]

Um coachee tem muito mais probabilidade de relaxar e crescer quando é atendido por um coach compassivo, especialmente ao explorar algumas de suas vulnerabilidades.

Terceira Dimensão: Separar a história dos fatos

Isto é importante. Os dados do que acontece geralmente não são os mesmos da interpretação do coachee sobre a situação. Em outras palavras, quando um coachee é claro sobre os dados, o resto do que está acontecendo fica a critério da interpretação deles — de suas suposições ou sua história sobre a situação.

Isso lhe dá acesso à posição da lagarta, a subpersonalidade limitante — o contador de histórias sobre os fatos. Voltando à conversa "Ser" que demos como exemplo no início do capítulo, a mulher que teve seu gatilho acionado pelo seu chefe começou dizendo: "Meu chefe estava muito bravo." Isso não era um dado. Era apenas sua história. Perguntar o que aconteceu — as sobrancelhas levantadas do seu chefe — nos deu clareza no fato de ela ter interpretado que ele estava bravo, e, além disso, que ela tinha uma história de que ele estava bravo com ela. Quando fomos claros sobre a suposição que ela estava fazendo, pudemos desafiar a interpretação para outras possibilidades. A essência de sua mudança envolveu ver que a subpersonalidade daquele momento interpretou a possibilidade com sua visão de mundo, que depois alterou seu estado e comportamento. Ela estava agora em um lugar de escolha.

Isto também pode ser útil no trabalho com o Triângulo da Presença na conversa "Relacionar". Relacionamentos conflitantes geralmente começam com mal-entendidos e interpretações erradas, histórias sobre os outros que contamos a nós mesmos. Ao perguntar pelos fatos sobre o que o outro disse ou fez, podemos acessar a história do coachee sobre a situação. Ele deu o primeiro passo para começar a mudar de ideia sobre isso.

Pensando no exemplo que demos sobre a conversa "Relacionar", quando minha esposa estava "me lembrando de fazer algumas tarefas domésticas", a história que contei a mim mesmo foi que ela era indiferente, desagradável e antipática em relação ao dia ruim que eu tive e constantemente ranzinza. O fato é que ela me perguntou por que eu ainda não havia feito as tarefas. Esse fato não era o mesmo que a interpretação de que ela não me ama. Com os fatos claramente especificados, posso começar a ver o que eu fiz para piorar a situação — ao sobrepor as interpretações e suposições que vêm do meu mindset. A história não somente ignora os fatos do que ela disse, por mais que me doa admitir, a história também faz um ótimo trabalho me ajudando a esquecer o fato de que eu havia me comprometido com ela em fazer as tarefas. Este esclarecimento de dados teria facilitado a mudança de mindset na etapa "Veja", usando o exercício do Triângulo da Presença da conversa "Relacionar".

Na conversa "Pensar", o Ciclo do Pensamento Inovador certamente nos beneficia em separar os fatos da história, particularmente na etapa de questionamento. Por exemplo, eu estava treinando uma pessoa em posição de liderança em uma escola que queria melhorar o envolvimento dos pais na educação infantil, em uma cidade onde, em média, os dois pais trabalhavam — esta era sua pergunta estratégica. Ele procurou por mais dados por meio de entrevistas com os pais. No começo, ele ficou com raiva do que estava ouvindo e declarou: "Eles simplesmente não estão interessados nas atividades escolares." Eu lhe pedi os dados — o que eles realmente disseram? Ele citou comentários específicos dos pais, como: "Trabalho muito, e só consigo passar um tempo com meus filhos nas duas horas antes de eles irem para cama."

Ele interpretou essa afirmação como se os pais não estivessem interessados. Em vez disso, quando vimos os dados, ele percebeu que estava interpretando mal a falta de interesse — os pais estavam, sim, interessados em passar mais tempo com seus filhos. Novas ideias poderiam surgir agora — como atividades com os pais poderiam ser posicionadas, de maneira que pudessem destacar uma oportunidade de conexão com seus filhos e sua vida na escola? Essa ideia talvez não surgiria se ele simplesmente tivesse fechado a porta, juntamente com a interpretação da falta de interesse.

Tomar consciência da nossa interpretação é essencial para mudar nosso mindset, pois cada uma de nossas subpersonalidades se baseia em interpretações particulares. Ao separar nossa interpretação dos fatos, conseguimos enxergar as subpersonalidades e o viés de cada uma. E assim é mais fácil se libertar desses sentimentos e interpretações.

Dicas / Sugestões

Pode ser útil fazer perguntas que busquem chegar aos fatos. Por exemplo:

> O que realmente aconteceu?
>
> Se alguém estivesse observando, o que poderia ser ouvido ou visto?
>
> Quais foram as palavras que você realmente ouviu?
>
> Quais são os fatos, e qual narrativa ou história você sobrepôs à situação ou pessoa?
>
> Como você pode descobrir o que eles estão pensando ou sentindo sobre você ou sobre a situação?

Quarta Dimensão:
Não pule direto para a nova subpersonalidade!

Uma lagarta não pode se transformar em uma borboleta sem se tornar uma crisálida primeiro.

Não podemos simplesmente pular da nossa antiga visão de mundo para uma nova — existe uma etapa intermediária. Se pensarmos novamente na metáfora da borboleta, esse é o estágio do casulo.

Se você quiser alguma teoria sobre isso, o filósofo Ken Wilber descreve o processo como 3–2–1.[7] O processo 3–2–1 é uma ótima ferramenta para fazer você se lembrar deste poderoso processo de mudança.

Às vezes descrevemos o processo 3–2–1 como:

> 3: Cego diante da nova subpersonalidade ou visão de mundo
>
> 2: Considerando a nova subpersonalidade ou visão de mundo
>
> 1: Sendo a nova personalidade ou visão de mundo

Inspirado por sua teoria, segundo nosso ponto de vista, quando o coachee está no estágio da lagarta, sua nova subpersonalidade, a borboleta, está na posição 3: estamos cegos quanto a isso e está fora da nossa consciência.

Por exemplo, na conversa "Ser", o coachee está dentro da caixa e preso aos sentimentos, pensamentos e sensações desse mindset. Como resultado, ele não tem consciência do seu "Realista". O "Realista "está na posição 3 quando o coachee está dentro da caixa. Da mesma forma, na conversa "Pensar", o coachee pode estar preso em seu pensamento atual (verde) e com isso não está ciente de outras perspectivas — a subpersonalidade ou mindset do pensamento azul está na posição 3, fora da nossa consciência.

No exemplo da conversa "Relacionar", em que eu estava em conflito com a minha esposa, a perspectiva ou mindset dela estava na posição 3. Eu nem queria considerar sua perspectiva quando meu irmão me lembrou de fazer isso. A posição 3, onde o novo mindset está fora do consciente, é a posição em que me identifico com o antigo mindset.

Depois de dar voz a essa posição do antigo mindset, o coachee pode prosseguir para a posição 2. A posição 2 é onde se concentra o poder desta teoria. É difícil pular do mindset antigo para o novo. Tem que haver uma etapa intermediária.

Então, como você trabalha com esse insight? Trata-se de introduzir suavemente a borboleta. Existe uma etapa de transição. Você notará que cada conversa faz isso por si só. Por exemplo, na ferramenta carta do futuro, utilizada na conversa "Inspirar", pedimos que o coachee imagine como será o futuro, antes de entrar nele.

No exercício do Triângulo da Presença, da conversa "Relacionar", depois que o coachee expressar seu mindset ou ponto de vista, você primeiramente o convida para voltar atrás e se conectar com a outra pessoa. Esta é a posição 2. Eles estão deixando de lado seu mindset, e se abrindo para um novo.

Na posição 2, eles estão considerando (mas ainda não sendo) a nova subpersonalidade. É como a posição do casulo da lagarta se transformando em uma borboleta. No casulo, abre-se mão da lagarta e desenvolve-se e nasce a borboleta. Você está convidando o coachee para trazer uma nova perspectiva para o relacionamento, para a consciência.

No exemplo que dei com minha esposa, eu não estava preparado para ouvir meu irmão dizer: "Pense na perspectiva dela." Eu não estava pronto para mergulhar na perspectiva ou no mindset dela. Em vez disso, ele poderia ter dito algo como: "Ok, agora que você me disse o que te incomodou, você está pensando nisso do ponto de vista dela? Você sabe que ela te ama, certo? O que mais poderia te ajudar a se conectar com o ponto de vista dela?"

Então, estamos prontos para prosseguir para a posição 1 — nós nos tornamos a nova perspectiva. Estamos convidando o coachee a experimentar isto como se fosse o novo mindset. O coachee está experimentando ser o "Realista" (Ser), experimentando o mundo de outra pessoa (Relacionar), se conectando como seu futuro eu (Inspirar) ou com seu pensador azul (Pensar). Esta posição 1 é um passo importante que segue a posição 2 — estamos realmente incorporando a nova subpersonalidade ou mindset, falando como se fôssemos essa perspectiva, incorporando-a.

Há um enorme poder ao seguir essas etapas — estamos permitindo que a pessoa mude de um mindset para o outro, de uma subpersonalidade para outra.

Dicas / Sugestões

Pode ser útil obter uma descrição rica da nova situação, antes de entrar nela. Por exemplo:

Ser: Descreva o "Realista"

Relacionar: Descreva a outra pessoa (sem suas suposições)

Pensar: Descreva um momento em que você estava pensando "azul"

Inspirar: Descreva um momento no futuro em que você encontrou suas aspirações

Em todos os exemplos, sentimentos e pensamentos estavam incluídos. *Então*, convide o coachee para entrar nessa experiência, diretamente na posição 1 da nova perspectiva. Peça para a pessoa falar no tempo presente. Por exemplo, se desafiar uma suposição do "Realista", o coachee pode dizer: "A verdade é..." em vez de: "O Realista diria que a verdade é..." Trabalhar no presente realmente ajuda os caminhos neurais da nova perspectiva.

Agora integramos o novo mindset utilizando a ferramenta 3–2–1.

Quinta Dimensão: Pratique, pratique, pratique!

Quando você assiste uma borboleta emergindo de um casulo, ela precisa primeiro bater suas asas e praticar voo. É a mesma coisa para seres humanos. No coaching, convidamos o coachee a experimentar.

Por meio da experimentação, o coachee exercita, aplica e constrói sua nova visão de mundo ou subpersonalidade. Às vezes, estendemos o processo 3–2–1 para 3–2–1–0. A posição 0 é onde o coachee está vivendo seu novo mindset. Então, temos:

3: Cego diante da nova subpersonalidade ou visão de mundo

2: Considerando a nova subpersonalidade ou visão de mundo

1: Sendo a nova subpersonalidade ou visão de mundo

0: Vivendo a nova subpersonalidade ou visão de mundo

A importância disso não pode ser subestimada. A aprendizagem acontece por meio de experiências reais. Um coachee pode experimentar o "Realista" durante uma conversa, mas o poder é quando eles aplicam o aprendizado em circunstâncias da vida real e refletem sobre esse aprendizado para incorporar o valor que isso traz.

Mais uma vez, você verá isso sendo apresentado de formas diferentes em cada uma das cinco dimensões.

Existem dois momentos importantes quando se trata de experimentar e aprender.

1. No final da conversa, concordamos em experimentar compromissos específicos. Nesta parte da conversa, convidamos o coachee a se comprometer com situações reais, em que eles possam dar vida à sua aprendizagem.

   Tornar essas experiências tangíveis e específicas realmente ajudará. Por exemplo, um acordo feito para testar amanhã, não seria tão forte quanto concordar em testar o processo EVE em uma reunião hoje, às 10 da manhã, onde há uma tendência para o coachee ter seu gatilho acionado. Quanto mais tangível, maior a probabilidade disso acontecer. De fato, é aqui que o poder do coaching ganha vida.

De acordo com a Associação Americana de Psicologia, a probabilidade de atingir uma meta é de 10% se você ouvir uma ideia, 40% se você decidir agir, 50% se você se planejar, 65% se você se comprometer com outra pessoa que agirá e 95% se você tiver uma reunião de prestação de contas com a pessoa com quem você se comprometeu.[8]

2. Acompanhamento das experiências em uma conversa futura. É aqui que o aprendizado será incorporado. Aprender com o que funcionou e com o que não funcionou oferece ao coachee oportunidade de refletir e continuar aprendendo. Chamamos isso de aprendizado de ação: planejar, fazer, revisar e entender antes de planejar novamente. Então, uma vez que tenha refletido, ele faz um novo plano que lhe permite continuar experimentando. Isso traz uma aceleração ao processo de aprendizado.

Voltando à metáfora da borboleta, estamos realmente ajudando a borboleta a bater suas asas, para ganhar confiança e voar. Pode não ser fácil lembrar ou acessar a nova subpersonalidade. Por meio do aprendizado de ação, convidamos o coachee a lembrar e aprender com a prática, construindo o músculo e as novas vias neurais pela experiência.

Dicas / Sugestões

No final da conversa, as seguintes perguntas podem ser úteis:

- Qual escolha você gostaria de fazer agora?
- Com o que você experimentará? Como você aplicará isso na sua vida/trabalho?
- Quais oportunidades você tem para colocar isso em prática? Quando fará isso? Como se lembrará?

Vale lembrar o acrônico EMRRT ao criar um experimento: específico, mensurável, realizável, realista, tangível.

Na reflexão após o experimento, é importante lembrar que, enquanto coach, você não pode julgar. Se o coachee não obtiver sucesso com o experimento, ele poderá aprender tanto com suas falhas como com suas conquistas. Algumas perguntas podem ajudar:

- O que você aprendeu?
- O que você sentiu?
- Qual é o custo de não fazer isso? Qual o benefício?
- O que funcionou? O que não funcionou tão bem? Como você pode melhorar da próxima vez?
- O que você fará de diferente?
- Qual foi o impacto para você, seu trabalho e para as pessoas ao seu redor?
- O que fez você parar? Como você pode superar isso da próxima vez?

À medida que o coachee progride com algum sucesso, ele pode escolher mais e mais experimentos de alongamento que realmente testam o músculo da sua nova perspectiva.

O que impede as pessoas de mudar?

Existem quatro barreiras que podem impedir. Vamos explorá-las logo abaixo, com algumas sugestões sobre como apoiar nossos coachees para que eles possam superar isso.

Primeira Barreira: Não se esqueça da cultura

Barreira:

Às vezes, certas subpersonalidades são facilmente ativadas em certas culturas. Por exemplo, seu coachee pode estar trabalhando em uma cultura de provação. As coisas mudam rapidamente, as expectativas são altas e os funcionários estão trabalhando incansavelmente por longas horas com altos níveis de estresse. Mesmo o funcionário mais centrado pode ter seu gatilho acionado neste tipo de ambiente, com suas suposições como "Eu tenho que trabalhar duro".

Solução:

O importante é ter consciência disso em suas conversas. A conscientização ajudará o coachee a ser mais sensível ao impacto que o ambiente tem sobre ele e, portanto, terá mais opções sobre como responder. Por exemplo, uma troca acalorada em um ambiente movimentado poderia ser melhor resolvida se o coachee organizasse uma reunião em um ambiente neutro. Se o ambiente contrasta muito com os valores e preferências do coachee, você pode fazer perguntas que destacam as opções disponíveis para ele, incluindo perguntas como se ele está na organização certa para ele. Existem vantagens e desvantagens em culturas — compreender isso ajudará o coachee a fazer escolhas sobre como aproveitar ao máximo o que é valioso e fazer as escolhas certas com o que não é.[9]

Por exemplo, uma líder de equipe estava tentando trabalhar com a conversa "Pensar". Concordamos em certas experiências para que ela pudesse explorar como reestruturar a equipe, para que aumentassem a eficiência. Ela estava animada para se envolver com sua descoberta recente, a subpersonalidade do "Investigador Curioso", a personificação do pensamento azul de seu mindset. Mas, quando ela voltou para a próxima conversa, explicou que a equipe estava frequentemente apagando incêndios para cumprir os prazos. Ela, portanto, não teve tempo de voltar atrás e fazer perguntas para criar novas possibilidades.

Ela estava em uma cultura de alta pressão e rápida recuperação. Embora reconhecesse o impacto que isso tinha sobre os níveis de estresse e rotatividade da equipe, ela sentia que essa situação estava inibindo seu desejo de fazer uma inovação pensando em sua equipe.

Depois que identificamos a dimensão cultural, ela recuou para ver como poderia abraçar isso. Em vez de inventar dias fora da empresa com a equipe para votar atrás juntos, ela escolheu usar os desafios como uma oportunidade para implantar seu "Investigador Curioso" durante o trabalho. Ela começou a dar trinta minutos de intervalo para que sua equipe pudesse parar e recuar. Em outras palavras, ela utilizou o Ciclo do Pensamento Inovador e encontrou uma maneira que funcionasse em sua cultura. Em dez minutos, ela ouviu todas as perspectivas da equipe e foi capaz de abordar a causa raiz. A capacidade da equipe de trabalhar rápido nessa cultura ajudou — juntos, eles reajustaram sua forma de trabalhar para encontrar uma solução melhor, e era realmente melhor do que a forma como trabalhavam.

Ao tomar consciência da cultura, ela conseguiu identificar suas limitações, além de transformar o pensamento rápido e agir direto na qualidade da cultura, assim encontrando novas formas de se trabalhar.

Dicas / Sugestões

As perguntas a seguir podem ajudar:

- O que da cultura está atrapalhando você?
- Quais são os pontos fortes da cultura que você pode alavancar?
- Qual é a narrativa que você está enfrentando na cultura? O que é útil e inútil sobre isso? Como você pode transformar isso em algo positivo?

Segunda Barreira:
Comportamentos antigos morrem brutalmente

Barreira:

Tente um experimento agora. Cruze os braços. Você notará que colocou o braço direito sobre o esquerdo ou vice-versa. Este será seu padrão usual. Sem pensar, você fará o que sempre fez.

Agora, tente cruzar os braços para o outro lado. Você pode achar um pouco estranho à princípio, ou pelo menos parecerá incomum ou diferente. É assim que nos sentimos quando tentamos algo novo.

Sem pensar, um coachee assumirá padrões antigos ou familiares. Alguns deles vêm acontecendo há anos. Tentar mudar o padrão antigo requer um esforço consciente e isso pode ser diferente.

Solução:

O que pode ajudar é manter uma prática consciente, onde o coachee se compromete em aplicar seu aprendizado de forma deliberada. É a isso que nos referimos como aprendizado de ação: experimentar e aprender de forma consciente.

Terceira Barreira: Apego a uma subpersonalidade

Barreira:

Às vezes, o coachee pode estar ligado a uma subpersonalidade ou identidade que não quer abandonar. Ou pode estar desconfortável para assumir uma nova identidade, que muda sua percepção de si próprio.

Dei apoio a uma pessoa que tinha um apego em ser resistente e desafiador. Com um histórico no exército, essa era uma subpersonalidade que poderia funcionar para ele dentro desse contexto. Era sua fórmula vitoriosa. Quando se tratava de conquistar pessoas, essa subpersonalidade aparecia em primeiro plano: direto e desafiador era o caminho que seguia. Quando as pessoas reagiam, o problema eram eles, e não ele, e isso permitiu que mantivesse sua identidade fixa.

Quando analisamos a visão de mundo dessa subpersonalidade que acreditava que "Tenacidade e desafios eram o caminho certo para obter resultados", descobrimos que ele não queria abandonar essa subpersonalidade. Era familiar e seguro. Ele temia ter que abandonar essa perspectiva. Havia outra opção para ele?

Solução:

Explore a recompensa e os custos

Então, como podemos trabalhar com isso? Em primeiro lugar, analisar a recompensa e os custos da subpersonalidade ajudou muito. A recompensa era claramente fazer as coisas funcionarem. O custo era perturbar as pessoas ao longo da jornada, e inibir seu desejo de fazer as coisas em longo prazo.

Ao fazer isso, obter alguns dados na forma de feedback de colegas ou um 360 pode ajudar. Foi isso que fizemos no coaching. Isso ajudou a receber algumas mensagens verdadeiras sobre seu comportamento de liderança. Além disso, os comentários permitiram alguma realidade sobre o custo quando as pessoas tiveram a chance de compartilhar sua experiência. Esse feedback também ajudou a criar uma abertura para se libertar — assim, ele ficou mais disposto a mudar.

Ao explorar a realidade da recompensa e do custo, o coachee poderá entender algumas verdades: o custo geralmente supera em muito a recompensa, e eles se tornam mais abertos a mudanças.

Teste suposições

Em seguida, testar as suposições que colocaram sua subpersonalidade contra as experiências reais de praticar o novo mindset se tornou um caminho poderoso, ainda que lentamente, para a mudança. Começamos um pequeno experimento para observar como os resultados mudaram quando ele começou a ouvir antes de agir.

Construa, conscientemente, sobre os aspectos positivos da antiga personalidade

Finalmente, vimos como ele poderia reter o que era útil em sua subpersonalidade original. Não acreditamos que você se livre de uma personalidade. Você a afrouxa e, durante esse processo, é capaz de trazer à tona os aspectos valiosos dela. A capacidade dele de desafiar era valiosa. Equilibrando com seu aprendizado de ouvir e entender os outros, ele conseguiu trazer uma forma melhor de liderança para si mesmo.

Às vezes, pode ser assustador abandonar seu mindset antigo e expandir para um novo. É algo desconhecido. A opção mais segura seria voltar aos hábitos que são familiares para ele. Deixamos vocês com um trecho de Marianne Williamson:

> Nosso maior medo não é sermos inadequados. Nosso maior medo é sermos poderosos, além do que podemos imaginar. É a nossa luz, e não nossa escuridão que mais nos assusta. Nós nos perguntamos: Quem sou eu para ser brilhante, linda, talentosa e fabulosa...? Nos diminuir não ajuda em nada o mundo. Não existe nenhum mérito em diminuir nossos talentos apenas para que os outros não se sintam inseguros ao nosso

lado. Todos nós nascemos para brilhar, como as crianças. Não é somente para poucos de nós; é para todos. E, quando deixamos nossa luz brilhar, inconscientemente damos permissão para que as pessoas ao nosso redor façam o mesmo. Quanto mais livre formos de nossos medos, mais nossa presença automaticamente liberta as pessoas ao nosso redor.[10]

Quarta Barreira: Nossa atitude para aprender

Barreira:

Falamos sobre a importância de experimentar e aprender no trabalho. Uma das maiores barreiras para experimentar pode ser o medo de falhar ou um mindset fixo. Isso inibe o coachee de ter um aprendizado e de possuir um mindset de crescimento.[11]

Isso pode ser resolvido usando a conversa "Ser". Frequentemente, você encontrará suposições dentro da caixa: o coachee teme falhas ou teme que não possua o que é necessário.

O amor pelo aprendizado é um mindset de crescimento bem-sucedido que pode ajudar nos experimentos. Eu me lembro de como minha filha, quando estava aprendendo a andar, ria toda vez que caía e levantava e depois tentava novamente. Pouco depois disso ela dominou a habilidade de andar.

Imagine, se, em vez disso, toda vez que ela caísse, ela fosse repreendida ou dissessem a ela que ela é inútil ou um fracasso. Isso não só machucaria sua autoestima, mas a vontade de tentar novamente seria inibida. Isso é o que as pessoas adultas fazem consigo mesmas — é comum que o coachee se repreenda por não acertar logo de primeira, e com isso desista facilmente. Se ele fosse um pouco mais compassivo consigo mesmo e voltasse ao seu mindset aventureiro, teria mais probabilidade de conseguir atingir a meta que estipulou. Esse é um grande mindset de crescimento.

Solução:

Podemos conversar com o coachee sobre sua atitude em relação ao aprendizado e experimentação, e com isso explorar mindsets saudáveis que ele possa acessar para ajudá-lo.

A conversa "Ser" pode ser muito poderosa neste caso: podemos observar um dos gatilhos do coachee que traz o mindset limitante do pessimista e do crítico sobre experimentar e aprender sobre a área da consciência. Então, podemos incentivar o Realista a desafiar as suposições de uma mente fechada. Com isso, o coachee pode libertar uma versão poderosa da subpersonalidade Realista.

Conclusão:

Lembre-se, adquirir domínio demora. O domínio não é uma meta, mas uma prática. É por meio da prática consciente que você crescerá, utilizando as quatro conversas de coaching.

Compartilhamos muitos insights e sugestões neste capítulo. Não esperamos que alguém utilize tudo de uma só vez. De fato, quando treinamos nossos coaches em algumas dessas conversas, precisamos de anos de consciência prática, que também envolve gravações com feedback, preparação, observação e aprendizado reflexivo. Então, não tenha pressa e aproveite o processo de aprendizado!

Espero que você tenha se atraído por pelo menos alguma dessas habilidades que vêm naturalmente para você, e você pode até oferecer um momento com perguntas para transformação, sem ter que passar por uma série de etapas.

Ao desenvolver o domínio, você pode aumentar sua criatividade. Por exemplo, certa vez trabalhei com um colega que estava lutando contra um forte ataque de suas suposições pessimistas, que o deixaram dentro da caixa por alguns dias. Em vez de envolver seu Realista, usamos o processo do Triângulo da Presença para se colocar nas três diferentes posições: Eu, Pessimista e Observador. Os insights que surgiram foram poderosos para ajudá-lo a reconhecer o valor do Pessimista quando está nesta posição. Na posição do Observador, ele viu como poderia transformar o Pessimista de inimigo a amigo na próxima vez que esse gatilho fosse acionado. O aspecto valioso do Pessimista teve a sabedoria de apontar as áreas que precisavam ser mudadas, com a atenção necessária, sem suposições temerosas e dramáticas sobre o futuro. Com isso, ele se sentiu mais livre.

Por meio da prática, conseguimos acessar as habilidades de forma natural e responsiva — a conversa acaba se tornando uma dança, liberando a criatividade e a intuição.

Os benefícios falam por si. Uma ótima conversa tem o poder de mudar uma vida para sempre. Por meio de nossa prática, nos tornamos magistrais e verdadeiros a serviço de quem estamos treinando e das organizações para as quais trabalhamos.

Capítulo **8**

Uma vida inteira
de aprendizagem

NESTE LIVRO, FOCAMOS AS QUATRO melhores conversas de coaching. Elas são elementos essenciais para as quatro mudanças de mindset mais importantes que um coachee pode conseguir. Se você dominar essas conversas de coaching, certamente será um coach muito eficaz. Para gerentes que treinam, essas conversas podem ser ótimas por dois motivos:

1. Parte de uma conversa de coaching mais longa, ou uma série de conversas para complementar e apoiar os objetivos do coaching.
2. Uma intervenção com coaching, no momento exato do dia a dia.

Cada dia traz a você oportunidades em que cada uma das quatro conversas poderiam ser úteis. Pode ser alguém cujo gatilho foi desencadeado por um problema de trabalho (Ser), um desacordo ou interação difícil (Relacionar), falta de clareza sobre o que fazer (Inspirar) ou um desafio que precisa ser resolvido (Pensar).

Ao se sintonizar com a natureza do problema, você pode fazer perguntas poderosas utilizando cada uma das mudanças de mindset que aparecem — naquele exato momento. Cada conversa pode ser adaptada ao momento. Por exemplo, o gatilho de alguém é acionado e ele está na caixa. Eles querem algum apoio para poder sair, então você poderia perguntar: "Então, como você está? O que aconteceu? Quais suposições você está fazendo? Ok, vamos aos fatos e à verdade, e veremos o que pode ser feito." Essa simples adaptação do processo EVE pode ser muito útil. Você pode fazer isso com as outras conversas também. Desta forma, pode usar as oportunidades do local de trabalho para apoiar seus coachees a mudar do mindset limitante para um mindset mais abrangente. A vida cotidiana dos coachees se torna uma oportunidade para praticar e incorporar os aprendizados. Como vimos anteriormente, pesquisas mostram seu poder nas pessoas e organizações. Permite capacitar pessoas a realizarem seu verdadeiro e ilimitado potencial.

Se o potencial do coachee é ilimitado, isso abre espaço para a pergunta: Existe algo mais nestes mindsets centrais? Na verdade, dentro da nossa pesquisa, descobrimos que os mindsets continuam se expandindo em cada um dos quatro domínios das conversas "Ser", "Relacionar", "Inspirar" e "Pensar". Os seres humanos nunca param de evoluir e de se expandir! Esse foi um insight muito empolgante em nossos dados de coaching. Em outras palavras, descobrimos que:

- As quatro melhores conversas continuam sendo as principais áreas de desenvolvimento de liderança.
- O mindset de cada conversa (Ser, Relacionar, Inspirar, Pensar) continua a evoluir e expandir. Descobrimos que, para cada conversa, há três níveis de mudança; um evolui depois do outro.

Neste livro, descrevemos as quatro conversas ou domínios. Em cada conversa, focamos a primeira fase da mudança de mindset no domínio. Isso é relevante para a maioria das pessoas que você treinará. Mas, com os três mindsets de cada uma das quatro conversas, teremos um total de doze turnos. É quase improvável que um indivíduo dominará os doze de uma só vez!

Uma vida inteira de aprendizagem

Claramente, não podemos adicionar mais oito capítulos para explorar um por um. E esse não é o objetivo deste livro. Então, se afaste um pouco do seu lado "coach" durante este capítulo. Ele não te dará dicas ou conselhos — mas fornecerá uma visão única sobre as possibilidades futuras de desenvolvimento, com a intenção de ser breve, mas completo. Seguir a essência é o suficiente, já que as Doze Mudanças formam um mapa fascinante no qual podemos direcionar o desenvolvimento da liderança pra vida toda.

Este é o mapa em sua totalidade:

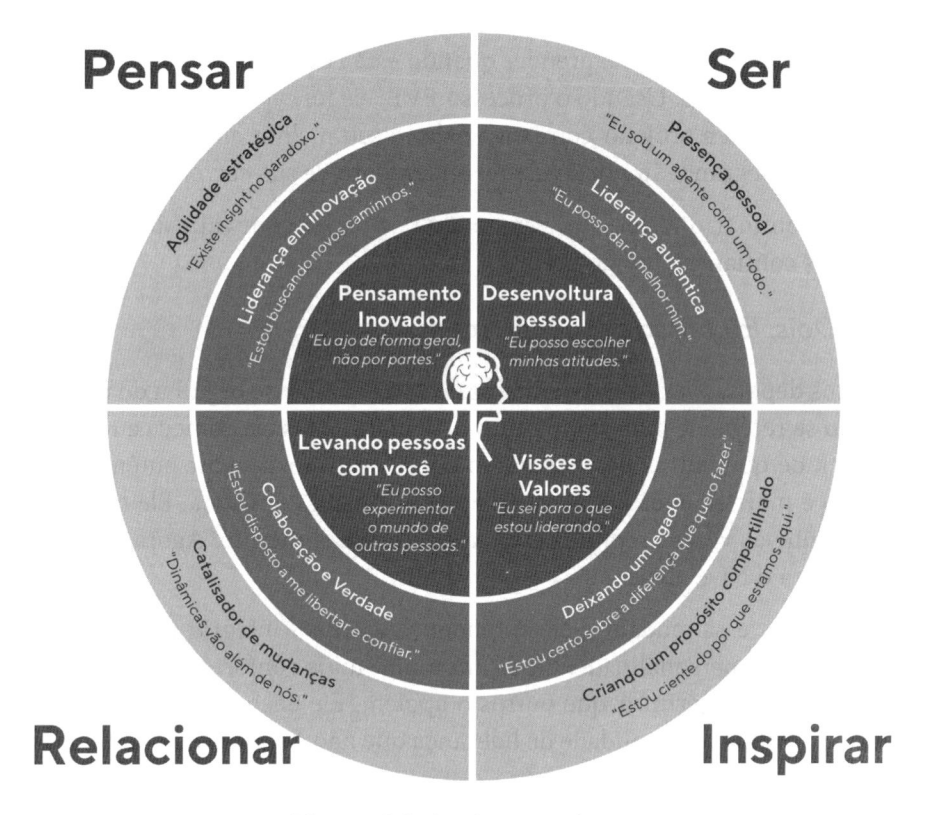

Figura 8-1: As doze mudanças

Vamos explorar os níveis em cada domínio das quatro conversas

Vamos explorar cada um com exemplos hipotéticos.

Os níveis da conversa Ser

Nível Um: Posso escolher minha atitude

Vamos pegar como exemplo nosso coachee imaginário, Alex. Alex é promovido a uma grande função após concluir a faculdade. Ele tem dificuldades com confiança e tende a se prender quando está com pessoas mais seniores ou mais dominantes. Usando o processo EVE, ele foi capaz de dominar isso. Assim, aprendeu a projetar confiança e dar o seu melhor em diversas situações. Isso tem grande importância no andamento de sua carreira.

Ao dominar o Nível Um, Alex pode responder com calma, empatia e com mais confiança quando preciso.

Nível Dois: Eu posso ser o meu melhor

Dez anos depois, Alex está em uma posição sênior. Ele se orgulha do fato de que não se retém e é mais confiante e articulado. Mas ele começa a receber feedback de que outras pessoas não o consideram totalmente autêntico — que não é mais ele mesmo, às vezes apenas projeta confiança. Ele também percebe que às vezes esconde certos aspectos de si mesmo. Agora, ele está pronto para o Nível Dois.

Ao fazer essa mudança, ele aprenderá a aceitar e integrar todos os elementos da sua personalidade. Ele ficará muito mais confortável ao mostrar suas fraquezas e permitir que outros o apoiem. Ele encontra uma maneira de projetar uma personalidade de liderança que não é apenas confiante, mas autêntica e muito mais inspiradora.

Ao dominar o Nível Dois, Alex pode finalmente aceitar e ser ele mesmo. A mudança é: "Eu posso ser o meu melhor." Isso significa que ele será mais autêntico e confortável em sua própria pele. Ele estará ciente de seu impacto não intencional e aberto a aprender com isso. Estará integrando sua sombra e sua luz como líder, explorando como ele pode aumentar o volume de sua força e encontrar o presente em sua sombra.

Nível Três: Eu sou um agente como um todo

À medida que cresce, a mudança de Nível Três pode se tornar relevante.

Esta é uma expansão adicional com relação a estar presente consigo mesmo e ao sistema em que se encontra, e assim, estar mais à disposição dos outros e da organização.

Os níveis da conversa Relacionar

Nível Um: Eu posso experimentar o mundo de outras pessoas

Vamos imaginar Rachel. Ela é líder de uma equipe em uma empresa de tecnologia. Após alguns anos na liderança de sua equipe, ela começa a perceber que está menos eficaz com certos membros da equipe do que com outros — e também tem uma gerente nova com quem acha difícil construir confiança. Ela luta contra isso e percebe que seu estilo gentil não está funcionando com essas pessoas. Ela teve que aprender o que funciona para eles e experimentar técnicas de comunicação mais direta que não são confortáveis para ela. Então muda sua abordagem e vê rapidamente os resultados. Esta é a mudança do Nível Um da conversa "Relacionar" — a que aprendemos a treinar.

A mudança do Nível Um, usando a ferramenta Veja–Ouça–Fale, ajudará Rachel a influenciar os outros, construir relacionamentos, ter empatia, ter uma conversa desafiadora, motivar sua equipe e moldar seu estilo de coaching para os membros de sua equipe.

Nível Dois: Estou disposto a me libertar e confiar

Depois de dominar isso, a carreira de Rachel floresce e ela se torna conhecida por sua capacidade de envolver os outros. Mas, anos depois, sua empresa é comprada. Ela se encontra coliderando uma função com a empresa compradora. A confiança é baixa e o conflito resulta com significantes jogos de poder e política. Por mais que ela entenda os outros, não consegue encontrar um meio de envolvê-los. Agora, uma nova mudança é necessária.

Rachel precisa expandir seu mindset: agora ela vê como cocriar a dinâmica do relacionamento que afeta a confiança. Ela percebe como o conflito é uma oportunidade de mostrar sua vulnerabilidade, e, assim, quebrar a dinâmica e aprofundar a confiança no relacionamento para que ela possa se libertar.

Se ela conseguir dominar o Nível Dois, Rachel se sentirá mais confiante abraçando conflitos, construindo relacionamentos mais profundos e capacitando outras pessoas a assumirem sua liderança e colaborar nos negócios.

Nível Três: A dinâmica vai além de nós

Muito tempo depois de sua carreira de liderança, Rachel se encontra em um cargo sênior no qual ela precisa mudar a cultura e a dinâmica para um sistema mais amplo. O mindset do Nível Dois não é suficiente. Com isso, a mudança do Nível Três pode se tornar importante.

O mindset de Rachel se expande ainda mais. Ela agora percebe que relacionamentos entre indivíduos e grupos não são isolados para essas pessoas. Eles são os espelhos dos padrões que ocorrem dentro e fora das organizações. Ela vê que o estresse dentro de sua organização está conectado ao mais amplo clima econômico e político.

Vale ressaltar que, à medida que o coachee se move por cada nível, o mindset "se expande" — sua visão de mundo acaba abraçando mais perspectivas e, portanto, tem maior capacidade de impacto, e podem lidar com situações de maior complexidade.

Os níveis da conversa Inspirar

Nível Um: Eu sei pelo que estou liderando

Vamos imaginar Carol. Ela passa os cinco primeiros anos de sua carreira batendo suas metas de vendas. Depois de dois anos, ela ganha uma equipe de representantes e espera que eles façam o mesmo. Infelizmente, eles estão desmotivados, sem rumo e foco. Com o coaching, Carol usa a ferramenta IME para desenvolver uma visão mais equilibrada para ela e sua equipe.

Ao dominar a mudança do Nível Um da conversa "Inspirar", Carol sabe quem ela gostaria de ser e a diferença que ela quer fazer. Isso permite que defina uma direção para sua equipe, e os leva a desenvolver uma nova dinâmica de vendas.

Nível Dois: Estou certo sobre a diferença que quero fazer

Depois de sete anos, ela recebe o desafio de um novo e importante papel de liderança em um banco que sofreu com escândalos sobre suas vendas. Ela precisa reconquistar a confiança do mercado. Mas a equipe que ela lidera é cheia de cinismo. Suas tentativas precipitadas de comunicar uma visão não levam a lugar algum.

Ela é obrigada a se aprofundar e encontrar um senso de propósito que fale por ela e pela equipe — e com isso liderar a mudança a partir daí. Ao dominar a mudança do Nível Dois da conversa "Inspirar", Carol agora se encontra na posição de moldar mudanças mais complexas, ajudando sua equipe desiludida a encontrar um novo senso de propósito. Esta mudança é para esclarecer nosso significado e propósito.

Nível Três: Estou ciente do porquê estarmos aqui

À medida que cresce, a mudança do Nível Três pode se tornar relevante. Isso permite que ela molde um propósito que alinha diferentes comunidades dentro e fora da organização — essa mudança é ir além do seu propósito e ir para um objetivo maior, com o qual todos possam se engajar. Ela estará alavancando seu poder para a mudança social.

Os níveis da conversa Pensar

Nível Um: Eu ajo de forma geral, não por partes

Mais uma vez, vamos utilizar um coachee imaginário, chamado Alan.

Alan é líder de turnos em uma fábrica. Ele está constantemente frustrado com a qualidade das trocas de turnos. Mas toda ideia que ele tenta implementar não surte efeito algum. Após o coaching, ele percebe que precisa voltar atrás e observar a situação como um todo, obtendo as perspectivas dos principais stakeholders. Ele apresenta uma ótima solução e também começa a ser procurado por ser uma ótima pessoa para se consultar quando se tem que resolver problemas difíceis.

Ao dominar a mudança do Nível Um da conversa "Pensar", Alan se torna bom em voltar atrás, observar a situação como um todo buscando informações de várias perspectivas e sintetizar isso em uma ideia inovadora.

Nível Dois: Estou buscando novos caminhos

Mas, cinco anos depois, o negócio está sob pressão. Os concorrentes estão criando produtos alternativos mais baratos e mais eficazes. Como gerente, Alan é desafiado pela empresa a encontrar uma solução. Mas isso requer mais do que pensar de uma forma diferente sobre o problema.

A princípio, ele se retém, sabendo que sua experiência é escassa e que outros entendem mais sobre o mercado. Eventualmente, com o coaching, Alan se expande e abraça a curiosidade. Ele incentiva sua equipe a ficar totalmente curiosa sobre outras empresas e sobre inovações digitais não relacionadas. Eventualmente, eles têm uma visão que reinventa a forma como eles pensam.

Para dominar o Nível Dois, Alan precisa abandonar sua necessidade de ser especialista. Ele precisa se tornar um novato novamente e ficar curioso sobre as áreas que nunca sequer olhou. Isso lhe permite responder à disrupção radical que seu negócio está enfrentando. Essa mudança é mais inovadora, impactante e perturbadora — e exige uma maior complexidade para gerar insights.

Nível Três: Existe insight no paradoxo

À medida que cresce, a mudança do Nível Três pode se tornar relevante. Isso será particularmente verdade se ele assumir um papel grande e complexo, em um contexto incerto de comércio "impossível". O Nível Três o ajudará a encontrar o insight nos paradoxos e com isso reformular a forma como uma organização desbloqueia novas possibilidades estratégicas.

Alguns insights importantes ao pensar em níveis

Quando analisamos nossos dados de coaching, descobrimos:

1. Dentro de cada domínio — "Ser", "Relacionar", "Inspirar" e "Pensar" — as mudanças precisam ser feitas uma por vez.
   - Cada nível transcende e inclui o nível anterior: um coachee embarcando no Nível Dois terá alcançado uma mudança no Nível Um. (A forma como fazem isso pode variar — por exemplo, por meio do coaching, das experiências de vida ou de outro tipo de intervenção

de desenvolvimento — mas ele não pode ir para o Nível Dois sem ter passado pelo Nível Um.)
- Esses estágios não são lineares, mas podem ser vistos como ondas, uma onda que aparece após a onda anterior ter sido desenvolvida.
- Um coachee pode voltar à onda anterior, dependendo das circunstâncias, porém não pode pular nenhum nível.

2. Entre os domínios, os líderes podem estar em diferentes níveis.
- Dentro de uma área, as mudanças são sequenciais, mas isso não é necessariamente verdade entre elas. Você pode encontrar um líder que esteja no Nível Três da conversa "Pensar", mas que ainda luta com o Nível Um da conversa "Ser". Os domínios não parecem operar entre eles.

3. As pessoas mais seniores nem sempre são as mais maduras.
- Enquanto as pessoas mais seniores nem sempre são as mais maduras, existe uma correlação entre a senioridade e os níveis. Isso porque as doze mudanças representam pessoas que estão evoluindo suas visões para visões de mundo mais maduras. Isso só pode acontecer com o tempo e experiência.

Assim, por exemplo, os dados obtidos em parceria com a Singapore Management University[1] mostram que:

	Líderes de primeira linha	Líderes medianos	Líderes seniores
Nível Um da conversa Ser (Resiliência)	24%	23%	18%
Nível Um da conversa Relacionar (Empatia)	39%	26%	7%
Nível Dois da conversa Ser (Crises de autenticidade)	1%	3%	18%
Nível Dois da conversa Relacionar (Crises de controle)	8%	8%	19%
Outros (por exemplo, mudanças das conversas Inspirar e Pensar)	28%	38%	39%

Em outras palavras, o Nível Dois da conversa "Relacionar" é encontrado em 19% dos líderes seniores e em apenas 8% dos líderes de primeira linha; da mesma forma, o Nível Dois é encontrado em 18% dos líderes seniores e apenas 1% em líderes de primeira linha.

Portanto, há, sem dúvida, uma correlação entre a senioridade e os níveis. Se você está treinando líderes juniores ou medianos, as quatro conversas que compartilhamos terão valor na maior parte do tempo.

Claro, isto está longe de ser exato. As pessoas não aprendem na mesma proporção, e elas também não aprendem de forma equilibrada. Por exemplo, existem muitos líderes executivos que estão lutando com a mudança do Nível Um em nossos dados. Um dos perigos reais em estereotipar os níveis é que perdemos esses casos. Geralmente assumimos que existe uma correlação entre promoção, senioridade e domínio. Isso não é verdade, e provavelmente todos nós conhecemos líderes que, embora possam ser brilhantes na dimensão da conversa "Pensar", ainda operam no nível de autoconsciência que está associado ao Nível Um da mudança "Ser", "Relacionar" ou "Inspirar". E, claro, conhecemos outros líderes cujos pontos fortes e fraquezas são o contrário. Porque as pessoas são imensamente diferentes e se desenvolvem em tempos diferentes. É impossível generalizar.

Talvez, por esse motivo, recentemente, vários escritores mudaram a definição de "grande liderança" para termos comportamentais para dizer que o que é realmente importante é aprender com agilidade — aprender constantemente, adaptar e crescer.

Então, o que está acontecendo aqui? Desenvolvimento Vertical

A partir de nossa pesquisa, observamos que os coachees evoluem através de estágios de desenvolvimento. Antes que um coachee esteja pronto para uma mudança do Nível Dois em qualquer quadrante, ele terá que alcançar consciência e um certo grau de domínio no Nível Um no mesmo quadrante.

Vemos o desenvolvimento da liderança como uma jornada ao longo da vida. E, como coach de negócios, trabalhamos com qualquer mudança que seja relevante para o coachee em dado momento. Apoiamos a transição pela mudança que nosso insight conduz, a partir de uma abordagem transformacional do coaching.

Nossa experiência e pesquisa mostraram que, quando um coachee se move pelos Níveis de Um a Três, ocorre uma expansão na sua perspectiva ou visão de mundo — eles observam mais, acessam mais possibilidades e ampliam suas escolhas. Por exemplo, no Nível Um da conversa "Inspirar", a mudança na visão de mundo é sobre o coachee entender de forma clara os valores e a visão que deseja criar com base em seus valores fundamentais. Passando para o Nível Três da conversa "Inspirar", a mudança tem a ver com a criação de um propósito que possa ser compartilhado, e assim tocar os corações e a mente das pessoas e de sua organização, expandindo seu próprio pensamento por todo sistema. Essa visão de mundo acaba sendo mais expandida.

Esse pensamento não é único. Essa ideia de líderes desenvolvendo novos mindsets à medida que aprendem é conhecida mais amplamente como Desenvolvimento Vertical, que implica um crescimento ou expansão em perspectiva (em oposição ao desenvolvimento horizontal, que definimos como desenvolvimento de habilidades e capacidades dentro de nossa perspectiva ou visão de mundo).

Vale ressaltar que os teóricos do desenvolvimento ao longo da história delinearam os estágios de desenvolvimento humano. Desde a infância, psicólogos, desde Piaget, Freud, Fowler a Maslow, mapearam esses estágios por meio da observação e pesquisa. Visto como um dos maiores filósofos de nosso tempo, Ken Wilber correlacionou as pesquisas de desenvolvimento psicológico ao longo da história e mostrou que elas se alinhavam em seus estágios de desenvolvimento da infância até a fase adulta. Seu trabalho mostra que o desenvolvimento nunca para. Desenvolvimento e expansão continuam por toda vida.[2]

Em cada estágio do desenvolvimento, nossa visão ou visão de mundo vai além de uma série de mudanças transformacionais. Por exemplo, uma criança de dois anos observará o mundo através da lente de que ela é o centro do universo. Essa visão se transforma conforme vai crescendo. Quando tiver cinco ou seis anos, ela apreciará que existem outras pessoas que têm necessidades e percepções diferentes da dela, e reconhecerá que não é única no mundo. Esse tipo de desenvolvimento também é verdadeiro quando nos referimos aos adultos: há mudanças que transformam continuamente suas perspectivas e a maneira como o mundo é percebido.

Wilber oferece uma visão essencial desses estágios do desenvolvimento, descrevendo-os como cores em um espectro que percorremos à medida que crescemos e nos desenvolvemos.³

Incluímos os estágios relevantes neste livro:

Vermelho: Este estágio é egocêntrico e protetor. Ele se alinha com o pensamento pré-operatório de Piaget, o mítico-literal de Fowler e o estágio de sobrevivência de Maslow. Uma pessoa neste estágio estará preocupada com suas necessidades, observando o mundo para satisfazer seus próprios objetivos e metas, com capacidade limitada de se colocar no lugar de outra pessoa.

Âmbar: Este estágio é etnocêntrico. A pessoa agora expandiu sua preocupação além de si mesmo, para o grupo, e agora a favorece acima de todos os outros, alinhando-se com o estágio de pertencimento de Maslow e o pensamento operatório concreto de Piaget.

Laranja: Neste estágio centrado no mundo, a pessoa se afasta de qualquer identificação com grupos (família, religião ou nação) e se torna uma cidadã do mundo. Este estágio é racional e consciencioso e alinha-se com o pensamento operatório formal de Piaget, o indivíduo reflexivo de Fowler e a autoestima de Maslow. Esta etapa é a meta do nosso sistema educacional ocidental, e a transição para esse estágio ocorre com mais frequência durante a adolescência e início da fase adulta.

Verde: Neste estágio, uma pessoa está indo muito além do mundo cêntrico, desenvolvendo compaixão e pode incluir uma significativa responsabilidade social em sua perspectiva. Alinha-se com o estágio de autorrealização de Maslow e nível de fé de Fowler.

Depois do **Verde**, temos o **Azul Petróleo** (Cosmocêntrico), **Turquesa**, **Índigo** e **Violeta** — através desses estados, há ainda mais expansão em perspectiva. **Azul Petróleo** e **Turquesa** representam a fé universal de Fowler e a autoestima e autorrealização de Maslow.

Nota:

1. Esses estágios não são hierárquicos no sentido de um ser melhor que o outro. Por exemplo, ninguém argumentaria que um adolescente é melhor que uma criança. No entanto, com maior desenvolvimento vem maior capacidade para perspectiva e impacto.

2. Muitas pessoas não se movem de forma significativa além do estágio Laranja no mundo ocidental e ficarão em um estágio que se encontra no centro da cultura em que se encontram.

3. Wilber estima que aproximadamente 66% da população mundial opera em Âmbar ou abaixo do estágio de consciência (o que é corroborado em nossa pesquisa).

A mensagem importante para reconhecer aqui é que o desenvolvimento vertical continua ao longo de nossa vida. O desenvolvimento horizontal é uma expansão de capacidades em um nível específico, enquanto o desenvolvimento vertical é uma expansão em perspectiva. Como isso se relaciona com liderança e nossas doze mudanças?

Bill Torbert, por meio de sua pesquisa com líderes, criou o Leadership Development Framework. Ele mostrou que líderes passam por uma série de estágios de desenvolvimento, chamada de lógica de ação — e estão alinhados aos estágios que citamos acima: o Oportunista (corresponde ao vermelho), o Diplomata (corresponde ao âmbar), o Especialista (corresponde ao laranja), o Individualista (corresponde ao verde), o Especialista e Estrategista (correspondem ao Azul Petróleo), e assim por diante.[4] Embora a descrição dessas lógicas de ação esteja fora do escopo deste trabalho, o trabalho de Torbert e seus colaboradores corrobora o desenvolvimento vertical em liderança e mostra o maior impacto do desenvolvimento vertical na liderança.

Em seu trabalho na Harvard Business Review, eles descobriram que nos dez CEOs de seis empresas, cinco estavam no nível Estrategista e os outros cinco em outras lógicas de ação. Dos cinco estrategistas, todos conseguiram implementar com sucesso transformações organizacionais em um período de quatro anos, melhorando a lucratividade, a participação no mercado e a reputação da empresa. Quanto aos outros CEOs, apenas dois conseguiram fazer o mesmo.[5]

Trabalhos adicionais foram realizados em Harvard por Suzanne Cook-Greuter. Ela liderou uma pesquisa de vinte anos sobre maturidade do ego e liderança, com uma extensa amostra de mais de 5 mil líderes. Mais uma vez, o modelo de pesquisa dela correspondeu com Torbert e Wilber. Sua pesquisa confirmou que 85% de sua amostra estavam no estágio Conquistador ou abaixo, enquanto aproximadamente 12% estavam nos estágios Individualista e Estrategista e menos de 3% estavam nos estágios posteriores.[6] Estes dados também estão aproximadamente refletidos na pesquisa que fizemos com os clientes que treinamos.

P. Williams e D. Menendez se referem a Robert Kegan, professor aposentado da Universidade de Harvard, cujo modelo de desenvolvimento está de acordo com Wilbert, Torbert e Cook-Greuter:

> Robert Kegan é um dos principais pesquisadores a ter desenvolvido uma teoria do desenvolvimento humano... [Um] princípio essencial do trabalho de Kegan é que o movimento de um estágio de desenvolvimento para outro é realmente uma transformação. Isso não acontece de uma só vez. A transformação leva anos para se desdobrar... [Q]uando mudanças ocorrem, elas estão sempre associadas ao surgimento de uma nova capacidade. A pesquisa também mostra que as pessoas raramente regridem para um nível anterior, embora possam regredir temporariamente por conta de estresse ou trauma. A nova ordem de consciência transcende os limites da antiga ordem e é mais compatível com as demandas do mundo em que o cliente habita. Isto simplesmente funciona melhor.[7]

Essas transformações na consciência estão alinhadas com as mudanças do nosso framework das doze mudanças, especialmente com as transformações Laranja e Azul Petróleo. Nossas mudanças nos três níveis suportam as transformações na consciência, que permitem que o líder percorra esses estágios particulares de desenvolvimento, conforme mostra a tabela abaixo:

Estágios do Framework das Doze Mudanças	Estágios de Wilber	Estágios de Torbert
Mudanças do Nível Um	Âmbar para Laranja	Especialista para Conquistador
Mudanças do Nível Dois	Laranja para Verde	Conquistador para Individualista
Mudanças do Nível Três	Verde para Azul Petróleo	Individualista para Estrategista

A maioria do nosso trabalho de coaching ocorre nos Níveis Um e Dois, alinhado com a pesquisa de Cook-Greuter, em que 85% dos líderes estavam no estágio do Conquistador ou abaixo disso. Nosso coaching apoia o desenvolvimento vertical de líderes, dando a eles uma oportunidade de transformar sua visão de mundo para obter maior perspectiva, escolha, liberdade e poder para influenciar mudanças e impactos mais amplos.

Então, quais insights as Doze mudanças trazem?

Muitos teóricos do desenvolvimento vertical falam sobre níveis genéricos. Você está no estágio "Laranja" ou no estágio "Verde".

Mas vimos que a mudança de mindset não é tão simples. As pessoas não estão em um nível ou em outro. Elas podem estar "voando" pela conversa "Pensar" ou presos no Nível Um da conversa "Ser".

Isso é empolgante. Isso significa que temos aqui um mapa holístico do ser humano em desenvolvimento. Em qualquer fase da nossa vida, é provável que uma das doze mudanças predomine. Esse será o lugar em que podemos aprender. Podemos escolher onde gastamos nosso tempo e esforço.

E, mais que isso, ao sermos específicos, podemos direcionar a conversa de coaching correta na mudança certo. Neste livro, exploramos as quatro melhores conversas de coaching, que desbloqueiam o Nível Um da mudança de mindset. Como você pode ver, isso representa mais de 85% das conversas. Mas há conversas igualmente importantes que desbloqueiam o Nível Dois da mudança e que apoiam o coaching no Nível Três.

Mas esse é provavelmente assunto para outro livro. Aprecie o processo da jornada ao longo da vida!

Referências

Introdução

1. Saumya Sindhwani, Jerry Connor e Howard Thomas, "Exposed and Under Pressure", *Asian Management Insights 4*, no. 2 (2017): 32–37.

2. Saumya Sindhwani, Jerry Connor e Howard Thomas, "The Missing Shifts", *EMFD Global Focus 1*, no. 13 (2019), https://media.globalfocusmagazine.com/wp-content/uploads/2019/02/01163244/Issue_1_2019_The_missing_shifts.pdf.

3. R. Kegan e L. L. Lahey, *Immunity to Change: How to Overcome It and Unlock Potential in Yourself and Your Organization* (Boston: Harvard Business Press, 2009).

4. Jeff Fermin, "Statistics on the Importance of Employee Feedback" *Office-vibe*, 7 de Outubro de 2014, https://www.officevibe.com/blog/infographic-employee-feedback.

5. A. J. Crum, P. Salovey, e S. Achor, "Rethinking Stress: The Role of Mindsets in Determining the Stress Response", *Journal of Personality and Social Psychology* 104, no. 4 (2013): 716–733.

6. B. Frymier e M. K. Nadler, *Persuasion: Integrating Theory, Research, and Practice*, 4th Edition (Dubuque: Kendall Hunt Publishing, 2017).

Capítulo 1

1. A. Mehrabian e S. R. Ferris, "Inference of Attitudes from Nonverbal Communication in Two Channels", *Journal of Consulting Psychology* 31, no. 3 (1967): 48–258.

2. A. Mehrabian e M. Wiener, "Decoding of Inconsistent Communications", *Journal of Personality and Social Psychology* 6 (1967): 109–114.

3. D. Goleman, *Emotional Intelligence* (London: Bloomsbury Publishing Plc.,1996).

4. K. Neff, *Self-Compassion: Stop Beating Yourself Up and Leave Insecurity Behind* (London: Hodder and Stoughton, 2011).

5. A. McKee, C. Congleton, D. Goleman, e E. Langer, *Harvard Business Review Emotional Intelligence Collection* (Boston: Harvard Business School Publishing Corporation, 2017).

6. meQuilibrium, "The Science Behind Resilience", *New Life Solutions*, 2015, https://www.mequilibrium.com/wp-content/uploads/2016/01/The-Science-Behind-Resilience-12-22.pdf.

7. M. Cerf, "Neuroscientists Have Identified How Exactly a Deep Breath Changes Your Mind", *Quartzy*, 19 de novembro de 2017, https://qz.com/quartzy/1132986.

Capítulo 2

1. W. A. Gentry, T. J. Weber, e G. Sadri, "Empathy in the Workplace: A White Paper", *Center for Creative Leadership*, 2007, https://www.ccl.org/wp--content/ uploads/2015/04/EmpathyInTheWorkplace.pdf.

2. R. Praszkier, "Empathy, Mirror Neurons and SYNC", *Mind and Society* 15 (14 de dezembro de 2014).

3. V. Kolmannskog, *The Empty Chair: Tales from Gestalt Therapy* (London: Routledge, Taylor & Francis Group, 2018).

4. T. Hoobyar, T. Dotz, e S. Sanders, *NLP: The Essential Guide to Neuro- Linguistic Programming* (New York: HarperCollins, 2013).

5. J. S. Beck e A. T. Beck, *Cognitive Behavior Therapy* (New York: The Guilford Press, 2011).

6. C. Otto Scharmer, *Theory U: Leading from the Future as It Emerges* (Oakland: Berrett-Koehler Publishers, Inc., 2007).

7. R. Boyatzis, A. Passarellia, K. Koenig, M. Lowe, B. Mathew, J. K. Stoller, e M. Phillips, "Examination of the Neural Substrates Activated in Memories of Experiences with Resonant and Dissonant Leaders", *The Leadership Quarterly* 23, no. 2 (2012): 259–272.

8. T. Bartram e G. Casimir, "The Relationship between Leadership and Follower In-Role Performance and Satisfaction with the Leader: The Mediating Effects of Empowerment and Trust in the Leader", *Leadership & Organization Development Journal* 28, no. 1 (2007): 4–19.

9. F. Lee, A. Edmondson, S. Thomke, e M. Worline, "The Mixed Effects of Inconsistency on Experimentation in Organizations", *Organization Science* 15, no. 3 (2004): 310–326.

10. L. Norman, N. Lawrence, A. Iles, A. Benattayallah, e A. Karl, "Attachment-Security Priming Attenuates Amygdala Activation to Social and Linguistic Threat", *Social Cognitive and Affective Neuroscience* 10, no. 6 (17 de outubro de 2014): https://doi.org/10.1093/scan/nsu127.

11. "UK Workers Value Culture and Recognition over Pay *HR Magazine,* 14 de julho de 2014, https://www.hrmagazine.co.uk/article-details/uk-workers-value-culture-and-recognition-over-pay-survey-finds.

12. "Gallup Releases New Findings on the State of the American Workplace", *Gallup,* 11 de junho de 2013, https://news.gallup.com/opinion/gallup/170570/gallup-releases-new-findings-state-american-workplace.aspx.

13. K. Dirks e D. Ferrin, "Trust in Leadership: Meta-Analytic Findings and Implications for Research and Practice", *Journal of Applied Psychology* 87, no. 4 (2002): 611–628.

14. S. G. Barsdale e O. A. O'Neill, "What's Love Got to Do with It? A Care Setting", *Administrative Science Quarterly* 59, no. 4 (2014): 551–598.

15. E. D. Heaphy e J. E. Dutton, "Positive Social Interactions and the Human Body at Work: Linking Organizations and Physiology", *Academy of Management Review* 33, no. 1 (2008): 137–162.

16. D. Goleman, R. Boyatzis, e A. McKee, *Primal Leadership: Realizing the Power of Emotional Intelligence* (Boston: Harvard Business School Press, 2002).

17. D. Goleman, *Emotional Intelligence* (London: Bloomsbury Publishing Plc., 1996).

18. S. Heen e D. Stone, *Thanks for the Feedback: The Science and Art of Receiving Feedback Well* (New York: Portfolio Penguin, 2015).

Capítulo 3

1. R. McGough, "The Leader Poem", in *All the Best: The Selected Poems of Roger McGough* (London: Penguin, 2003).

2. Dyson Corporation, "About James Dyson", https://www.dyson.com.au/community/about-james-dyson.aspx.

3. University of Notre Dame, "The Hesburgh-YuskoScholars Program", https://hesburgh-yusko.nd.edu/assets/172346/28009_hysp_tri.pdf.

4. J. Ryan, "Leadership Success Always Starts with Vision", *Forbes*, 29 de julho de 2009, https://www.forbes.com/2009/07/29/personal-success-vision-leadership-managing-ccl.html#37ab445e6634.

5. *The Times of India*, 23 de janeiro de 2013, https://www.youtube.com/watch?v=VgvE7MGIBw.

6. R. Fritz, *The Path of Least Resistance* (New York: Fawcett Columbine, 1989).

7. K. Dirks e D. Ferrin, "Trust in Leadership: Meta-Analytic Findings and Implications for Research and Practice." *Journal of Applied Psychology* 87, no. 4 (2002): 611–628.

8. C. Poulton, C. N. G. Proches, e R. Sibanda, "The Impact of Value Systems on the Development of Effective Leadership", *International Business Management* 11 (2017): 8–10.

9. R. Barrett, *The Values-Driven Organization* (London: Routledge, 2014).

10. R. Nadler, "Steve Jobs: Superman Syndrome, Low EQ, High IQ", *Psychology Today*, 16 de novembro de 2011 https://www.psychologytoday.com/gb/blog/leading-emotional-intelligence/201111/steve-jobs-superman-syndrome-low-eq-high-iq.

11. J. H. Zenger e J. Folkman, *The Extraordinary Leader: Turning Good Managers into Great Leaders* (New York: McGraw Hill, 2002).

Capítulo 4

1. S. R. Covey, *The 7 Habits of Highly Effective People* (New York: Free Press, 2004).

2. Dyson Corporation, "About James Dyson", https://www.dyson.com.au/community/about-james-dyson.aspx.

3. J. Dyer, H. Gregersen, e C. M. Christensen, "*The Innovator's DNA*" (Boston: Harvard Business School Publishing, 2011).

4. E. Weisskopf-Joelson e T. S. Eliseo, "An Experimental Study of Brainstorming", *Journal of Applied Psychology* 45, no. 1 (1961).

5. V. John-Steiner, *Notebooks of the Mind* (Albuquerque: University of New Mexico Press, 1985).

6. C. M. Seifert, D. Meyer, N. Davidson, e A. Patalano, "Demystification of Cognitive Insight: Opportunistic Assimilation and the Prepared Mind Perspective", in *The Nature of Insight*, edited by R. J. Sternberg e J. E.Davidson (Cambridge: MIT Press 1985).

7. "Breakthrough Innovation and Growth", *PWC*, 2013, https://www.pwc.co.uk/assets/pdf/achieving-business-growth.pdf.

Capítulo 6

1. R. Assagioli, Transpersonal Development (Deveria mencionar a cidade: Smiling Wisdom, 2007).

2. "Our Heritage", *Starbucks*, https://www.starbucks.co.uk/about-us/our-heritage.

3. D. Goleman, R. Boyatzis, e A. McKee, *Primal Leadership: Realizing the Power of Emotional Intelligence* (Boston: Harvard Business School Press, 2002).

4. P. M. Senge, *The Fifth Discipline: The Art and Practice of the Learning Organization* (London: Random House, 2006).

5. Ibid.

6. J. M. Kouzes e B. Z. Posner, *The Leadership Challenge* (Hoboken: John Wiley and Sons, Inc., 2017).

7. H. Gardner, *Multiple Intelligences* (New York: Basic Books, 2006).

Conclusão

1. Veja, por exemplo, o trabalho de 2002 de Zenger e Foldman.

Capítulo 7

1. D. M. Eagleman, *Incognito: The Secret Lives of the Brain* (London: Canongate Books Ltd., 2011).

2. *Inside Out*, directed by Pete Docter (Emeryville: Pixar Animation Studios, 2015).

3. A. Storr, *Freud: A Very Short Introduction* (Oxford: Oxford University Press,1989).

4. A. Korb, *The Upward Spiral* (Vancouver: Raincast Books, 2015).

5. D. Rock, *Your Brain at Work* (New York: HarperCollins, 2009).

6. Korb, *The Upward Spiral*.

7. K. Wilber, *Integral Psychology* (Boston: Shambala Productions, Inc., 2000).

8. S. Fairley e W. M. Zipp, *The Business Coaching Toolkit: Top Ten Strategies for Solving the Toughest Dilemmas Facing Organizations* (Hoboken: John Wiley and Sons, Inc., 2008).

9. J. Connor e L. Sears, *Why Work Is Weird* (London: Marshall Cavendish, 2005).

10. M. Williamson, *A Return to Love* (London: HarperCollins, 1992).

11. C. S. Dweck, *Mindset: The New Psychology of Success* (New York: Ballantine Books, 2008).

Capítulo 8

1. S. Sindhwani, J. Connor e H. Thomas, "The Missing Shifts", *EFMD Global Focus* 1, no. 13 (2019): https://media.globalfocusmagazine.com/wp-content/uploads/2019/02/01163244/Issue_1_2019_The_missing_shifts.pdf.

2. K. Wilber, *Integral Psychology* (Boston: Shambala Productions, Inc., 2000).

3. Ibid.

4. B. Torbert, D. Fisher e D. Rooke, *Action Inquiry: The Secret of Timely and Transforming Leadership* (Oakland: Berrett-Koehler Publishers, Inc., 2004).

5. D. Rooke e W. R. Torbert, "Seven Transformations of Leadership", *Harvard Business Review*, abril de 2005, https://hbr.org/2005/04/seventransformations-of-leadership.

6. S. R. Cook-Greuter, "Ego Development: Nine Levels of Increasing Embrace", 2005, www.cook-greuter.com.

7. P. Williams e D. Menendez, *Becoming a Professional Life Coach* (New York: W.W. Norton and Company, 2007).

CONHEÇA OUTROS LIVROS DA ALTA BOOKS

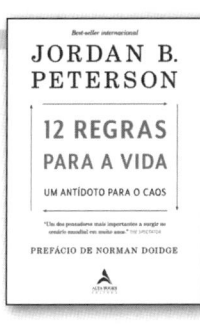

Todas as imagens são meramente ilustrativas.

- JORDAN B. PETERSON — 12 REGRAS PARA A VIDA — UM ANTÍDOTO PARA O CAOS
- PAI RICO PAI POBRE — ROBERT T. KIYOSAKI
- Hábitos Atômicos — James Clear
- TRAÇÃO — Gabriel Weinberg e Justin Mares
- A Universidade da Berkshire Hathaway — Daniel Pecaut e Corey Wrenn
- 7 SEGREDOS PARA INVESTIR COMO Warren Buffett — Mary Buffett & Sean Seah
- FEITAS PARA DURAR — JIM COLLINS E JERRY I. PORRAS
- OS NOVE TITÃS DA IA — AMY WEBB
- ARMAS E FERRAMENTAS — O FUTURO E O PERIGO DA ERA DIGITAL — BRAD SMITH

CATEGORIAS
Negócios - Nacionais - Comunicação - Guias de Viagem - Interesse Geral - Informática - Idiomas

SEJA AUTOR DA ALTA BOOKS!

Envie a sua proposta para: autoria@altabooks.com.br

Visite também nosso site e nossas redes sociais para conhecer lançamentos e futuras publicações!

www.altabooks.com.br

ALTA BOOKS EDITORA

/altabooks • /altabooks • /alta_books

CONHEÇA OUTROS LIVROS DA ALTA BOOKS

Todas as imagens são meramente ilustrativas.

CATEGORIAS

Negócios - Nacionais - Comunicação - Guias de Viagem - Interesse Geral - Informática - Idiomas

SEJA AUTOR DA ALTA BOOKS!

Envie a sua proposta para: autoria@altabooks.com.br

Visite também nosso site e nossas redes sociais para conhecer lançamentos e futuras publicações!

www.altabooks.com.br

ALTA BOOKS
EDITORA

/altabooks • /altabooks • /alta_books

Este livro foi impresso nas oficinas gráficas da Editora Vozes Ltda.,
Rua Frei Luís, 100 – Petrópolis, RJ.